地蔵医学

生老病死からの救済誓願

奥山医院 院長
奥山輝実

三和書籍

この体は私じゃない、私はこの体に限られていない。
私に境界線はない。
私は生まれてきたことがない。
そして、私は死んだことがない。
無限の海と星に満ちた空を見上げながら、
意識の源から現れた光の滴《ティクレ》、それが私だ。
始まりの無い時から、私は自由だった。
誕生と死は、私たちが通過するドアに過ぎず、
私たちの旅は、どんなに神聖な敷居をも越えていく。
誕生と死は、かくれんぼのゲームだ。
一緒に笑って、私の手を握って、さようならを言おう。
さようなら、また近いうちにお会いしましょう。
今日出会う。
明日また出会う。
私たちは刹那毎に光明で出会う。

私たちは人生の数え切れないほどの道で、
あらゆる形でいつも出会う。

Thich Nhat Hanh
１９２６年10月1日～２０２２年1月22日

はじめに

２０２０年頭に魔界に同化されてしまったこの世は、凄まじい我欲とエゴと煩悩の渦巻く世界と化してしまいました。

それはコロナ騒動だけではありません。貧富貴賎も善悪正邪も、ことごとくが魔性に染まり、明日の光明さえ見い出せなくなった２０２１年秋、不思議な仏縁でお地蔵さまたちが私の前に顕現され、力強く仰いました。

「さぁ、この世の衆生を救い出しましょう！」

しかし、すでにこの世の衣食住薬すべてが徹底的に毒汚染されてしまい、もはや為す術なしの観に陥った自然医学に何ができるのですか？　と俯きながら尋ねると、「夢に毒牙は至らず」と大笑いされてしまいました。

その日以来、毎夜、夢の神さまから様々な知恵を授かりながら、夢の修行をしていただいています。そして新しい年を迎え、満を持してお地蔵さまたちと、この「地蔵医学」を書き上げました。

ここには、最後のひとりを救い出すまで私は成仏しない、と誓願されたお地蔵さまの気持ちが、どの智恵にも色濃くこもっています。

病と死の苦しみ、飢餓の苦しみ、争いの苦しみ、人間関係の苦しみ、内なる悪と魔性の苦しみ……八百万の苦悩がこの世を所狭しといくら暴れ回っても、お地蔵さまの智恵があなたの身心頭魂《しんじんとうこん》を護って下さいます。

「もう彷徨《さまよ》わなくても大丈夫です。私たちについてきなさい」

お地蔵さまのそんな声が聞こえたなら、この本を読み進めていってください。

もし途中で路傍のお地蔵さまを見かけたような気がしたら、それはあなたの中にもお地蔵さまが宿られた印です。

お地蔵さま

お地蔵さまは、お釈迦さまが亡くなってから弥勒菩薩《みろくぼさつ》さまが成仏されるまでの無仏となる長い長い無明の間、六道すべての世界に現れて衆生を救済することを誓願された菩薩さまです。

諸《もろもろ》の悪業《あくごう》を造りて六趣に輪回《りんえ》す生々《しょうしょう》の父母世々の兄弟《けいてい》悉く佛道を成ぜしめ後に我成佛せん。若《もし》一人をも残さば我成佛せず。若し重苦あらば我代《かわ》って苦を受む。

（ひとりでも輪廻で迷い、成仏へと導けずに残っている間は、私は成仏しません。六道の衆生を救い、彼らに苦しみがあれば、私が代わってその苦しみを背負います）

このようにお地蔵さまはお釈迦さまに誓願されて、悪世罪苦の衆生の救済をお始めになられました。

お釈迦さまは、「末法の中に於て國土に災《わざわい》起り人王政《にんのうまつり》ごと亂《みだ》れ他方の賊来り刀兵劫《とうひょうごう》おこらんとき」には、お地蔵さまを憶想するようにと言い残されました。だからこそ今、お地蔵さまが顕現して下さったのです。

地蔵菩薩本願経には、お地蔵さまの二十八の功徳が挙げられています。

天龍護念：天と龍が守護してくれます。

善果日増：善い行いの果報が日々増していきます。

集聖上因：悟りの境地へ至る因縁が集まってきます。

菩提不退：悟りの境地から後退しません。

衣食豊足：衣食に満ち足ります。

疾疫不臨：疫病にかかりません。
離水火災：水難や火災を免れます。
無盗賊厄：盗賊に逢いません。
人見欽敬：皆が敬意を払って見てくれます。
神鬼助持：神霊が助けてくれます。
女転男身：女性から男性になれます。
為王臣女：王や大臣の令嬢になれます。
端正相好：端正な容姿に恵まれます。
多生天上：天界に生まれ変わることが多くなります。
或為帝王：人間界に生まれ変わって帝王になります。
宿智命通：過去生や宿命を知る智恵を持ち、それらに通じます。
有求皆従：要求があれば皆が従ってくれます。
眷属歓楽：眷属たちが喜んでくれます。
諸横消滅：諸々の理不尽な事が消えていきます。
業道永除：地獄に生まれ変わる業道が永く除かれます。

去処盡通：赴く所で全てが上手くいきます。
夜夢安楽：睡眠中に安らかな夢を見ます。
先亡離苦：先祖や先亡の霊が苦しみから解放されます。
宿福受生：過去に成した善行によって良い生まれを得られます。
諸聖讃歎：聖人たちが讃えて下さいます。
聡明利根：聡明で利発になります。
饒慈愍心：慈悲の心に溢れます。
畢竟成佛：必ず仏になれます。

更に七種の利益ももたらされます。
速超聖地：更に優れた境地へと速やかに進めます。
悪業消滅：悪いカルマが消滅します。
諸佛護臨：諸々の仏たちが護ってくださいます。
菩提不退：悟りの境地から後退しません。
増長本力：本来持っていた能力が増幅されます。

宿命皆通：過去生の全てに通じます。
畢竟成佛：必ず仏になれます。

どうです？　すごいでしょう。もうこの世の我欲とエゴと煩悩のすべてを現世利益して下さる勢いです。お地蔵さまには人間界の我欲とエゴと煩悩のすべてが見えている。だからこそ、それらを解毒浄化してしまえる神力もお持ちなのです。

そんなお地蔵さまの真言はこれです。

オン　カカカ　ビサンマエイ　ソワカ

六道

六道とは、人間界の人道、魔界である地獄道、餓えの餓鬼道、動物たちに転生する畜生道、戦いに明け暮れる修羅道、神々の秘めたる魔性が滴る天道の六つの世界を指します。
人道では、人間たちは自らの魔性に翻弄されながら四苦八苦し続けています。
地獄道は、文字通りの地獄絵図の世界で魔界そのものです。

餓鬼道は、食の魔性が極まった世界です。

畜生道は、肉食を貪るだけでなく、性をも貪る魔性と煩悩が極まった世界です。

修羅道は、競争と戦争だけでなく、詐欺や讒言などの我欲とエゴの魔性が極まった世界です。

天道がなぜ六道なのか？　を理解するには、神々が深い深い神意識の奥底に秘めている魔性を帯びた欲に気づかなければいけませんが、それはこの「地蔵医学」を読み進めていただければ見えてくるでしょう。

お地蔵さまは、そんな六道を自らの足で行脚しながら、最も立場の弱い人々たち、特に親よりも先に死んだ子供たちの霊を救い出すとされたことから、子供たちの護り神として崇拝されてきました。

関西では今でも子供たちの盆祭りとして地蔵盆の風習が残っていますが、お地蔵さまたちも、この時には子供たちと大いに楽しまれるそうです。

すでにこの世は魔界に同化されてしまいました。この世の人たちすべてが様々な魔毒に冒されてしまいました。食毒、電磁波毒、香毒、薬毒、愛の毒が誰からも滴《したた》っています。

富める者は燃えさかる我欲とエゴと煩悩が渦巻く火炎魔界を彷徨い、貧しき者は絶望と苦しみの無明魔界に飲み込まれています。富んでも貧しても、勝っても負けても、死んでも生きても、そこは魔界です。

身心頭魂が魔毒に冒されたままでは魔界から救い出すことは難しいのです、とお地蔵さまは悲しげに仰っておられました。

それほどまでに今の魔界の力は強力となり、遂には悪魔が誕生してしまうところまで追い詰められてしまいました。

しかし「ここからが大逆転に継ぐ大逆転で、すごく面白くなりますよ」とお地蔵さまがはしゃぎながら楽しそうに仰ると、確かにそんな気もしてきます。

現に2022年に向けて、あの魔物たちを遥かに凌ぐ神々と天使と妖精たちの一大軍団が天空に布陣し終わりました。しかし誰ひとり、武器は持っておられません。

「ふふふ、神々と悪魔率いる魔界との大戦争が起こると思ったでしょう？　我欲とエゴと煩悩のルツボに溺れたまま神々を見上げているから、いつまで経っても善悪の幻影から目を覚ませないのです。宇宙戦争も最後の審判も同じ穴の狢《むじな》ですよ。

私は六道を彷徨う魂たちを覚醒させて涅槃へと連れ帰ります。もう輪廻転生を終えられるように、もう六道を彷徨わないで済むように、魂たちにこびりついた魔毒を、魂たちをがんじがらめに呪縛している魔性を完全に解毒浄化するためには、悪のルツボと化した今のこの世が必要だったのです。

悪の業火は、魂に染み込んだ魔毒を焼き尽くしてくれます。魔性は漆黒の煙となって消えてしまいます。

私には悪の業火で浄化された魂の燃えかすの中に、魂本来の光が見えます。それは赤ちゃんの指先のような小さな光ですが、涅槃へと持ち帰れば、新しい菩薩となってくれます。

ひとつでも多くの魂の光を涅槃へ持ち帰りたい。しかし魔毒と魔性に冒されたままでは、魂の光は悪の業火で燃え尽きて消えてしまいます。

ですから私、地蔵菩薩は、これから魔毒と魔性の解毒浄化する術をここに書き記します。神の目から見えている解毒浄化法を語ります。あるがままに、降ってくるままに、書き留めていって下さい。それが今のあなたの天命ですから」

こうしてお地蔵さまとの二人三脚が始まりました。

目次

第二章　夢

第三章　覚醒と光明

第一章　排毒浄化

1　食毒

日本は世界でも有数の食毒地獄です。

「自分自身でお勉強すれば良いのですよ。それだけ励みになるでしょう」とお地蔵さまは笑われています。

「毒に囲まれている方が早く病気になるでしょう。痛くなったり、苦しくなったりしなければ、動かないのが人間の性《サガ》ですからね。

お勉強していれば、様々な毒が見えてきます。身体の声も聞こえてきますよ。痛いから、苦しいから、死にたくないから、我慢して排毒法を続けます。行き当たりばったりの朝令暮改で良いのです。お勉強も、目覚めも、山登りのように進んでいくものです。

そして気がついたら夜が明けています。清々しい朝の空気で深呼吸すれば、あぁ目が覚めたなぁと思えます。快晴の青空を見上げて大きくノビをすれば、もう陰謀論も遙か麓の村に小さく立ち並ぶ看板のように思えてしまいます。

もうそんな下界を見てるのが勿体なくなって、すぐに青空に戻ってしまいます。これが解脱です。

日本は最悪な食毒地獄だけど、だからこそ人間の覚醒はアジアの東の端っこから始まる、と預言者たちも言っていたのです」

しかし食毒地獄を大楽している間は、覚醒とは無縁のままです。いくらお地蔵さまが救いの手を差し伸べて下さっても、気がつかないどころか、邪魔だと払い除けてしまうからです。後述する「夢の修行」の初歩である、睡眠中に見ている夢の中で、これは夢だと気づくことができていれば、どんな毒地獄の中を彷徨っていても、お地蔵さまの声が聞こえ、その救いの手が見えるはずなのですが、魔毒に染まったままでは救いようがありません。

それでは、お地蔵さまの誓願に反することになりませんか？　とお尋ねすると、「衆生の魂はすべて救います。しかし、すでに魂を失ってしまった魔物たちは救いようがありません。豆の入っていない鞘から豆を取り出すことはできません。しかし魔人の魂なら、まだ救えます」と仰いました。

「毒の少ない人から目覚めます、救われます。お任せあれ！」

お地蔵さまの救いの手をしっかりと握りしめられるように、私たちも排毒浄化に努めていきましょう。

巷の様々な食養生法を見ると、ダイエット目的と病気を治す目的の2大テーマのどちらかに軸足を置いているのが分かります。

食毒の排毒浄化の観点から見れば、巷で流行っているダイエット食養生法は、どれもトンデモ養生法なので、ここでは省略させていただきます。

自然医学の食養生は、食毒地獄のおかげで、ほぼ一本道になってきました。その王道とは小食と玄米菜食です。無農薬も大前提です。

① 小食

私は一日一食をお勧めしています。

週末断食やプチ断食は、覚醒のためには効果がありますが、食毒の排毒浄化の面では？？　なスタンスです。

一日一食を続けながらの週末断食は、食毒の排毒浄化と覚醒に、とても大きな有効作用を示してくれますが、一日三食のままで、たまに断食するだけでは全く効果はありません。

確かに便通が良くなった、痒みが治まった、しっかり歩けるようになった、眠れるようになった等々の症状改善はもたらされるでしょうが、どれも対症療法的な改善であって、病の本質は一向に改善していません。

そこに自分の我欲とエゴと煩悩の深さと恐ろしさを実感できれば、それも意味あることなのですが、人間の性、欲深さの業と向きあうためには、少なくとも二週間以上の完全断食が必要でしょう。

一日一食では、朝と昼にニンジンジュースだけを摂ります。一人一回分ならニンジン400g程です。ニンジンは、例え無農薬栽培でも、直前にタワシでゴシゴシ洗った方が良いでしょう。もしジュースにして変なエグミを感じても、ゴシゴシ水洗いすると美味しいニンジンジュースに早変わり！　してくれます。

スロージューサーは必需品です。ジュースであることがとても大切で、スムージーでは身体が「これは食べものだ！」と誤認してしまい、一回分の食事にカウントされてしまいます。身体はとても正直ですから、例えピーナッツ一粒を食べただけでも急激な空腹感に襲われることで「あぁ食事にカウントされてしまった……」と気づかされます。

一日一食を続けていると、正月三が日が鬼門となります。朝からどうしても食べてしまうからです。本当は家族とお正月を祝うのですから、身体もそこのところは許してくれているはずなのですが、やはり我が身も生き物だった、を強烈な空腹感が思い知らせてくれます。

しかし、この空腹感を味わうことで、人間の食欲の獰猛《どうもう》さを実感できて、以後の食養生と生活養生に励みが出てきた方々も数多くおられました。そんな方々は、いち早く意識の覚醒へと到達されたのも印象的でした。

今生は、もうずっと一日一食なのか……と落ち込まれる方々もおられますが、大丈夫！　食毒をはじめとする諸毒を排毒浄化できてしまえば、たまの祝いの席や家族団らんの際には二食三食できるようにもなります。そもそも身心頭魂の諸毒を排毒浄化できてしまえば、もう一日三食はしたくなくなります。三食も食べなくてはいけないの……まるで拷問のように感じられます。

尿療法をしていると、何を食べたら良いのか、何が身体にとってＮＧなのか、が如実に分かってしまいます。「あんな食事は食べないでくれ！」という身体の声が翌朝の尿の味に色濃く出るのです。

一日一食が簡単に始められる理由のひとつに、待ちに待ったその一食は無制限だ！　があります。何を食べても良い、どれだけ食べても良いのです。お酒も、デザートもフリーです。

ですから、その一食は夕食にすることを強くお勧めしています。昼食にやります……と仰った方々は長続きせず全滅でした。これが獰猛な食欲の恐ろしさです。昼食に腹一杯食べて、そのまま夜の就寝までニンジンジュースだけ……は我慢大会になってしまいます。数日なら我慢しきれるでしょうが、それが毎日となると身心頭が病んでしまいます。

あるガン患者さんは、中高生の子供たちのお弁当を作らなければいけないから、つい食べてしまいます……と半べそをかかれていました。その方の守護霊さんが「自立！　自立！」と叫んでいたので、その旨をお話させていただきましたが、残念な結果に終わってしまいました。

一日一食ならダイエットになりますね、と期待満々な方々もいます。確かに太っている方は、それなりにスマートになりますが、それは半年以降の話です。一カ月、二カ月、三カ月……と一日一食をがんばっていても、期待していたほど体重も体型も変わらないことが多いのです。排毒浄化のスイッチが、それまでに溜め込んできた諸毒にベットリと覆い尽くされているので、そう易々とはオンにならないためです。

逆に病気の治療、特にガンなどの死病の治療のために一日一食を始められた方々の中には、見る見る激ヤセしてしまう方もいます。脈を診ると十分に体力も気力もあるのですが、如何せん、痩せてきた＝私はもうダメだ、の不安に囚われてしまうと、本当にガクッと体力も気力も無くなってしまいます。

患者さん本人の気持ちはとてもしっかりとしていて「痩せてきたのも排毒浄化がうまく進んでいる証拠です」と自信満々に仰っていても、家族や主治医、時には親類や近所の人が、「そんなに痩せて大丈夫なの？」と悪魔の台詞《セリフ》を投げつけてきて、えっ！あの方が？な残念な結果となってしまったこともありました。

一日一食を上手にこなしていけば、甲田療法と同じく八カ月後には、その方のベストな体重と体型になっています。始めて半年あたりが最も体重も体型も「激ヤセ」しますが、その後は徐々にベストな体重と体型に戻ってきます。例え鏡を見て、これはベストじゃないわ！と叫んでも、鏡に映ったその姿が、あなたの身心頭魂がベストだと思っている姿なのですから、健康になりたいのなら、もっと幸せになりたいのなら、従うしかないでしょう。

お地蔵さまの衆生救済とは、六道に堕ちた人々をことごとく救い出すことですが、悲しいかな、六道の暗黒に向かって、お地蔵さまの救いの手を振り払ってまで堕ちていく人々は後回しになってしまいます。

自然医学の食養生には、食べてはいけないNGがたくさんあります。診察時に食養生を指導する際には、その方に必要な「食べてはいけないもの」をすべてお伝えしています。

「それじゃ何も食べるものがなくなってしまいます」な悲惨な状況になるわけですが、そんな食毒依存と食欲を手放してしまわない限り、身心頭魂の排毒浄化はできません。玄米菜食の美味しさに気づくこともできないまま、別のダイエット法や食事療法に行ってしまわれます。

中には、一日一食をがんばっています！　でも……　で詳しくお話を伺うと、ダメ出しした食材のいくつかを「だってやめられないから」「身体が欲しがっているから」等々の言い訳をしながら摂り続けていた方々もおられました。

経験的に言えば、ダメ出しされた食材は、すべて一気にやめてしまう方が楽です。思っていたよりも簡単にできます。死ぬ！　気が狂う！　体力も気力もなくなっちゃう！　と叫んでいるのは、内なる我欲とエゴと煩悩に支配された左脳です。そんな方々は、必死でネットから都合のよい情報を集めてこられます。そして最後はネットの飽食天国へと消えてしまわれます。

一日一食を始めて数日〜数週間は下痢をしやすくなります。腸に食毒や薬毒などが溜まっていた方ほど下痢や放屁が続きます。体臭が臭くなったり、お風呂に廃油のような油膜が浮くことさえあります。

しかし激ヤセにはなりません。諸毒の蓄積が酷いほど、腸の冷えが酷いほど、下痢よりも便秘と不快な腹痛に見舞われやすくなります。獰猛な食欲に負けて毒だらけの食事を大食いしてしまったりすると、腸閉塞になってしまうこともありますが、これらも一種の瞑眩反応です。

そんな辛い症状が繰り返す時期に、いかにこれまで毒ばかり食べてきたのかに気づき、「悔い改めて」自分の身体に「ごめんなさい」ができれば、瞑眩反応も見る見る治まってきます。

食養生で起こる瞑眩反応は、身体からの、特に腸からの応援エールですが、我慢は禁物です。そんな瞑眩反応が現れたということは、身体はまだまだドップリと食毒世界に浸っている証拠ですから、ひどい冷汗や発熱、便臭のする吐き気がお腹の激痛と共に出るようなら、すぐに救急病院へ行ってください。

いつまで一日一食をがんばらなくてはいけませんか？　の問いも結構あります。

一日一食が、まるで息をするように普通になれば、卒業しても構いません。でも息をせずに生きていけますか？　苦しくて藻掻いてしまうでしょう？　それと同じように一日一食でなければ、身体だけでなく心も頭も苦しくなってしまいます。

まず、がんばっている感じが消え去ります。やがて身心頭魂の爽快感が蘇ってきます。諸毒の排毒浄化が終わる頃には、一日一食が普通になっています。

身体の声がよく聞こえるようになっています。心と頭の我欲とエゴと煩悩の姿がはっきりと見えて、もう惑わされなくなっています。

自分の魂の輝きがとても嬉しくて、愛らしくて、尊くて、あぁ仏陀さまも守護霊さまも、いつもここに居て下さっているんだな、と実感できます。空を見上げると、青空でも曇空でも雨空でも、その向こうに空性の無限の広がりが見えています。

一日一食を始めると、五次元意識への覚醒が始まります。

一日一食が当たり前になった頃には、古い三次元世界の輪廻からの解脱が始まります。覚醒して五次元世界を垣間見るだけなら、どんな断食療法や小食療法でも可能でしょう。でも、それでは天国を見てきただけ、神さまと握手してきただけです。神さまと合一したまま、この世を人間として生きるためには解脱が必要なのです。

お地蔵さまは衆生の六道解脱を誓願されました。ですから一日一食は必須なのです。それは今、人間として生かされているすべての魂たちの共通した祈願です。輪廻転生から今、解脱するぞ！　の強い祈願がいよいよ実ったのです。

魔界と化したこの世は地獄の業火で目覚めと解脱を迎えた人間たちを取り囲み、ジリジリと奈落の崖へと追い詰めてきています。覚醒した目で崖の向こうを見れば、五次元世界の入口が見えています。崖から入口へと伸びる細い一本橋も見えています。橋の下は業火が燃え上がる奈落ですから、どうしても足がすくんでしまいます。

２０２１年までは何とか躊躇できました。しかし、もう一刻の猶予もありません。意を決して渡るか、迫り来る地獄の業火に焼かれるか、しかありません。それは再び輪廻転生のルツボに堕ちるのか、輪廻転生を卒業するのか、と同一です。なぜ世界的パンデミックなのか？　なぜ遺伝子ワクチンなのか？　そこに今、覚醒と解脱の道が見えてきました。たかが食事、されど食事です。なぜなら、まだあなたも食べないと死んでしまうと思っているでしょう？

あなたの魂が数え切れないくらい多くの輪廻転生をしてきて、やっとつかんだチャンスです。この本と出会ってしまったのも仏縁であり、主犯はあなたの魂ですから、もうジタバタせずに一日一食を始めましょう。

②　玄米食

無農薬栽培の玄米が簡単に手に入るようになりました。これもコロナ騒動がもたらしてくれた自粛とネット活用の賜《たまもの》です。

農薬は玄米の胚芽の部分に溜まりますから、無農薬は必須条件です。玄米を包んでいる茶色っぽい皮は、外側から果皮、種皮、糊粉層《こふんそう》で出来ています。この皮の部分に抜群の排毒作用があります。食毒や薬毒だけでなく、放射性物質まで排毒してくれる超強力なスカベンジャー作用があることが玄米食でなければならない理由です。

水俣病の現地調査では、白米食の住民よりも玄米食の住民の方が水銀の取り込み量は多かったのですが、玄米の強力な排毒作用によって、結果的に体内に残存した水銀量は、玄米食の住民の方が低かったと報告されています。

原爆の直撃を受けた長崎の病院では、被爆直後から玄米と味噌と塩をしっかりと摂らせたことで、病院職員の原爆症を防ぐことができたとの報告があります。

玄米は、ビタミンとミネラルなどの豊富な栄養素がバランスよく含まれた完全栄養食であることは、どの栄養士さんも熟知されています。玄米と白米の栄養量を比較すると、カロリーと糖質はほぼ同じですが、カリウム・リン・鉄・マンガン・不飽和脂肪酸は3倍、ビタミンB6は4倍、マグネシウム・ビタミンB1・ナイアシンは5倍、ビタミンEは12倍、食物繊維は6倍も多く含まれています。

玄米は、よく噛まなければいけません。噛む回数を数えなくても勝手によく噛んでしまいます。噛む回数が増えると、一本一本の歯に自然治癒力と蘇生力が働きます。そんな歯のわずかな変化だけでも、長年に渡って原因不明だった目眩、頭痛、首や肩や腰の痛み、倦怠感、生理痛や不妊症、眼や耳の不定愁訴などが消えてしまうこともよくあります。

外来で玄米食をお勧めすると、でも……の言い訳ばかりが返ってきます。昔やったことがある＝今やっていない、これからもやる気はない、と同じです。だって夫が、子供が、時間が、手間が……では、治る病も治りません。土鍋で炊け！　なんて非常識なことは言っていません。電気炊飯器でＯＫです。タイマーを使えば、夕食時に炊き立ての玄米をいただくことができます。まず自分自身を救うことを第一義にしなければ、病を癒やすことはできません。

自然農法＝不耕作・不除草・不施肥・無農薬　の玄米も増えてきました。これに、はざ掛け（天日干し）が加わると最高の玄米になります。有機栽培はダメなの？　の問いには、ＪＡと有機栽培の闇をお勉強してくださいね、とお答えしています。

日本には広大な耕作放棄地があります。５年以上放置されていた農地なら、それまで長年に渡って農薬と化学肥料をたっぷりと使われてきた農地でも、すぐに自然農法を始めることができます。仮に有機農法をしていた農地でも、10年経てば何とか自然農法を始めることができると言われています。もし日本がその気になれば、数年で世界有数の自然農法の国に躍り上がり、メイドインジャパンの農産物を世界中に輸出することもできるでしょう。

玄米食に慣れてくると、もう外食産業のご飯、コンビニのおにぎりや弁当などは一切食べられなくなります。もし食べると、腹痛と下痢で排泄しきるまで後悔と懺悔の時間が続きます。時には直後から吐き気と胃痛、冷汗や手足のしびれ、頭重感や倦怠感などに襲われます。猛烈な食毒だけでなく、シリコーンやプラスチック系のあれやこれやに包まれた「ご飯のようなモノ」を食べてしまったのですから仕方ありません。

食毒を完全に排毒浄化できてしまうと、手に取るどころか店の前を通るだけで、毒の波動で身震いしてしまったり、身体が痒くなったりするようにもなります。え〜そんなバカな！　と思われるかもしれませんが、諸毒の排毒浄化を終えられた方々は皆さん、同じような体験をされておられます。

食毒の波動を感じ取れるようになってくると、玄米ご飯を一口頬張れば、田植えが終わった田んぼに降り注いでくれたお日さまの若々しいエネルギーや、夏風の軽やかで楽しげな舞姿や、黄金色に染まった稲穂に注がれるお日さまの慈愛のエネルギーが体中に瞬時に広がっていくのが感じられます。

身体中のソマチッドたちが、ちゃんとお日さまのエネルギーを受け取ってくれたのも分かります。田んぼで稲たちが受け取った森羅万象からの慈愛も、より増幅されてソマチッドたちが受け取ってくれます。

善きエネルギーは意識の拡大を後押ししてくれます。ソマチッドたちが元気になればなるほど、覚醒と解脱も加速されていきます。

玄米食なくして覚醒も解脱もありません。食養生は、まずは玄米から、なのです。

③　肉食

肉食はＮＧです。完全にＮＧです。

２０１９年夏に、それまで悲しみと悔しさが渦巻いていた家畜たちの集合意識体の声が突然、強烈な増悪と怨念の怒号に変わりました。その恐ろしい声は、例え小さな肉片にも、出汁を取られたスープにも轟々と鳴り響いています。

「人間を殺せ！」「人間など消え去れ！」が家畜たちの声です。集合意識体の声ですから、飼育方法も、飼料の質も、薬やホルモン剤の量も、屠殺方法も、調理方法も、もちろん肉の値段も全く関係ありません。もうこの世に増悪と怨念のこもっていない肉は皆無です。

家畜たちの声は言います、「そんなに肉を喰いたければ人間の肉を喰え！」と。

日本で肉食が始まったのは明治維新からです。肉食を持ち込んだ目的は強兵でした。日本人の体力と持久力と精神力は、西洋人とは比べものにならないほど優れていたにも関わらず、見た目の体格の差を埋めようとして、ドイツのビスマルク軍を模範とした「肉を喰え！」が新たな食の指針とされたのでした。

維新の頃には、まだ重い鎧兜をまとったまま長時間にわたって戦い続ける武士も、俵を何俵も背負って長距離を歩く農民も、江戸から箱根まで休まずに走り抜ける車夫も当たり前にいましたが、大正、昭和と時が流れていくにつれて、どれも伝説と化してしまいました。

第二次大戦の末期に、食糧難からガリガリに痩せた日本兵が徹底抗戦し続けたことにショックを受けた連合国は、捕虜の尋問と戦死者の医学的研究から、異様なまでの精神力の高さと純粋性は、日々の貧素な食生活がもたらしているとして、戦後の日本の食生活を大逆転させなければならないと決めました。肉食にも、牛乳にも、小麦にも、砂糖にも、塩にも、そんな占領政策が今でも祟り神と化して色濃く残っています。

あの日月神示にも、**「四ツ足を食ってはならん、共喰となるぞ、草木から動物生れると申してあろう、神民の食物は五穀野菜の類であるぞ（碧玉之巻第八帖）」**と記されています。

今の魔界と化したこの世は魔人ばかりになってしまいました。それでも神民であろうとするならば、肉食は完全にNGでなければならないのです。

ジビエが今、ブームで、にわかハンターが増えているそうですが、日本のジビエもNGです。まず放射能汚染の問題と銃弾の鉛汚染の問題があります。ワナで捕まえた西日本の獲物だから大丈夫でしょう？　と言われれば、どうぞ、お好きなように……としか返せませんが、熊だって鹿だって猪だって、みんな生きていたのです。いきなり銃撃された、つい餌につられてワナに捕らえられてしまった……そして問答無用に殺されたのです。

ゾクチェンの修行の中に、自らの手足身体を切り刻む瞑想法があります。まず手足を切り落とし、頭蓋骨を半分に切って作った鍋の中に切り刻んだ身体をすべて投げ込んでグツグツと煮ます。そしてトロトロに溶けた中身を集まってきた神々にすべて捧げるというイメージ瞑想です。

この瞑想法を達成できれば、ジビエを食しても怨念の害はないでしょうが、それでも肉食をしたいと欲する人はいないでしょう。

仏陀の慈悲の心が蘇れば、肉食は簡単に卒業できます。肉食の人たちを、神々は決して恨みも蔑みもしません。お地蔵さまたちも、畜生道に堕ちた人々に救済の手を差し伸べて下さっていますが、誰ひとり、お地蔵さまの手をつかむ者はいないそうです。お地蔵さまの手が鬼畜の手に見えるから仕方ないのだそうですが、これが家畜たちの怨念の恐ろしさです。自らに慈悲の心を蘇らせない限り、畜生道から這い出ることは叶わないのです。

④ 小麦

パンや麺類などの小麦食も、身心頭魂の排毒浄化のためには少なくとも半年間は一切摂らないことが大切です。調味料に極少量入っている小麦は、ガンなどの死病や難病奇病でない限り気にしなくても結構ですが、この小麦断ちに悲鳴を上げる方々がとても多くおられます。

国産の無農薬小麦なら大丈夫でしょう？　と必死で活路を探し求められる方々も多いのですが、腸と血液に溜まった諸毒を排毒浄化するためには、小麦断ちに例外はありません。

小麦断ちは、隠れたリーキーガット症候群を治癒させるだけではなく、腸と血液の浄化によって免疫力と自然治癒力が高まってくることが期待できます。後述する脾臓の電磁波毒汚染も排毒浄化してくれます。

半年すれば月に数回の小麦食も可能になりますが、もうその頃には、つい菓子パンに手が出てしまう悪習は消えてしまっていることでしょう。

小麦断ちができない人は、砂糖断ちもできません。小麦断ちに禁断症状が出てしまう人がとても多いのですが、その元凶は混入されている添加物です。特に砂糖由来の添加物は、麻薬のように嗜好と煩悩を操ります。数日すれば、また同種の小麦食を食べたくなってししまいます。そして数口食べれば、もう嗜好と煩悩は満足してしまい、後は惰性で完食してしまいます。

食品界とマスコミは次々と新製品を繰り出してきて、消費者の嗜好と煩悩を極度に刺激し続けています。新製品が大好きな方々を初診すると、身心頭魂のすべてが甚だしく諸毒に冒されていますが、食養生と生活養生をしっかりと続けた半年〜一年後に再診すると、諸毒が見事に排毒浄化されてしまっているのが分かります。もうその頃には「コンビニやスーパーで買う物がありません」と仰います。これが食養生と生活養生の卒業宣言です。

所詮《しょせん》この世は毒だらけの世界だよ、と諦《あきら》めている限り、いくら生まれ変わっても輪廻転生と因果応報から抜け出すことはできません。

毒池を泳いでいた鯉も、一念発起すれば鯉のぼりとなって青空を悠々と泳ぐことができます。小麦断ちも、そのための登竜門に過ぎません。たかが小麦断ち、然《さ》れど小麦断ちなのです。

お地蔵さまたちから「パンのお供えはお気持ちだけ、ありがたく頂いております」との伝言でした。

⑤ 砂糖断ち

砂糖断ちは超難関です。麻薬をやめるよりも難しいかもしれません。ですから砂糖断ちは、基本的な食養生を卒業されてから取り組む方が良いでしょう。

砂糖がないと血糖が下がって脳が働かないと思い込んでいる方々も多いですが、これも医学界と食品界の洗脳です。

一日一食にすると、血糖値は正常値を保ち続けます。無用な血糖値の上下変動がないので意識と集中力の乱れは起こりません。

人間も他の動物たちも、血糖値を一定に保とうとする恒常性維持力《ホメオスターシス》を持っています。何日もの間、断食を続けたとしても、生命維持にあまり寄与していない脂肪組織や筋肉から順々に分解されて血糖維持のための資源として使われます。長期間の断食の挙げ句にガリガリに痩せてしまっていても、意識はとてもハッキリとしていることは、仏陀さまの悟りの場面を見ても明らかでしょう。

ただし、食べないと死ぬ、と思い込んでいる人は、確かに痩せて死にます。思い込んだ想念の力は、恒常性維持力さえも上回ってしまうのです。ですから、砂糖を摂らないと仕事ができない、血糖が下がって意識が遠くなる、と思い込んでいる人は、確かにそうなってしまいます。

　血糖値の上がり下がりを繰り返すほど、学習や仕事の能率も、気力も考察力も判断力も、感情面も悪化してしまいます。砂糖を取り続けて血糖値を上げておかないと、良い子、ステキな彼や彼女、穏やかで幸せそうな人で居続けられません。糖が切れてくると途端にジギルとハイドになってしまいます。もう自分自身でも、どちらが本物の自分なのかさえも分からなくなってしまいます。

　必要とする糖の量もどんどん増えていきます。上限はありません。膵臓に見限られて糖尿病となってしまっても懲りません。インシュリンを打ちながら、相変わらず砂糖に翻弄されたままで人生を終えてしまいます。

　魔界に堕ちると、砂糖漬けの体に飢えた魔物たちが一斉に襲いかかってきて食いちぎられます。魔界では死ねません。すぐに魔界に転生してしまいます。逃げ隠れする場所など魔界にはありません。魔物から逃げようとしている限り、魔物に食いちぎられる地獄が続きます。

「そこで仏陀さまの発菩提心の教えを思い出して、深い慈悲の心で魔物の群れに自ら飛び込めば救われるのですが、あそこに堕ちてしまうと、とてもそんな悟り心は持てません。

私たちが手を差し伸べても、砂糖漬けの手がツルツルと滑ってしまうので、うまく救い出せないのです」とお地蔵さまも俯いておられました。

砂糖は食における我欲とエゴと煩悩の最悪の権化です。これすら自ら断てないようでは、金欲も物欲も、権威と名声も、性欲も支配欲も手放すことは不可能でしょう。砂糖断ちは、古い世界と古い自分から解脱できるかどうかの試金石なのです。

砂糖断ちを数カ月も続けていると、甘さへの味覚が正常化されてきます。もう無添加の和菓子でさえ甘すぎて美味しくありません。たまに食べると、軽い蕁麻疹や関節痛、口内炎などが出てきて身体が嫌がっているのが分かります。

そんな時こそ、発酵の素晴らしさに目覚めましょう。自家製の玄米甘酒を作っておけば、柔らかな甘みのお菓子に大変身させることもできます。きっと身心頭魂が大喜びしている声も聞こえてくるでしょう。

日本には数多くの発酵食文化が残っています。だから長寿だったのです。

砂糖断ちできれば、昔のように道端の花の蜜を味わえるようになります。それは幸せと喜びと感謝が湧き出てくる蜜の味です。天地自然の蜜の味です。神々が味わわれているのと同じ蜜の味です。味覚を取り戻すことが覚醒と解脱には必須条件なのです。

砂糖断ちを指導すると、必ず「果物なら大丈夫ですよね」と返ってきます。

生の果物を丸ごと、ホテルや料亭のお上品なデザートくらいの量をいただくのなら何も問題はありません。しかし、ついつい食べ過ぎてしまうのが果物の困ったところです。別腹に入ったとしても、ちゃんと血糖は上がりますので、やはり砂糖断ちをがんばっている間は、極力控えめにしなくてはいけません。

果物の問題点には、もうひとつあります。

それは農薬問題です。日本は世界有数の農薬使用国ですから、外国から輸入禁止作物に指定されている果物もたくさんあります。日本のスーパーで売られている果物の多くは輸出できません。輸入された果物たちと並んで売られていると、国産の方が安全だろうと未だに盲信されている人たちも多いのですが、あれほど見下していた東南アジアや中国、韓国の方が、今や賃金も健康志向も驚くほど高くなっていることはご存じありません。時々、日本の高級果物が諸外国にもてはやされています、な大本営ＣＭをマスコミが流しては、国民洗脳を維持しているので仕方ないのですが、自分で考え、調べる。自分で勉強する。その上で自分自身の考えを持つ。その習慣を長い間失ってきたからこそ、ここまで諸毒に冒されて、遂には魔人と化してしまう人たちばかりになってしまったのです。

食品や飲料の多くにも果糖が使われていますが、その果糖はトウモロコシのデンプン粉から化学的に作った「高フルクトース・コーンシロップ（異性化糖）」で、材料表示には「ぶどう糖果糖液糖」と書かれています。もちろん食物繊維も自然のミネラルやビタミンも酵素もゼロですから猛烈な速さで血糖値を上げ下げします。原料のトウモロコシは、ほぼ全てが遺伝子組み換え品種であり、化学肥料と農薬まみれです。

たかが砂糖断ち。然《さ》れど砂糖断ち。砂糖断ちすることで洗脳を解き、家畜奴隷からひとりの人間へと戻ることができるのです。

⑥　塩と味噌

戦前、日本の海岸線には、まだ多数の塩田が残っていました。今のような「食塩」は少なく、簡単にミネラルをたっぷりと含んだ天然塩を摂ることができていました。

戦後、塩田が急速になくなり、塩が専売公社に独占されると、安価な食塩が「日本人の塩」となりました。

食塩にミネラルは皆無です。塩化ナトリウムが99・5パーセント以上になるように精製されているからです。食塩水で海水魚を飼育すると、すぐに弱って病気になり死んでしまいますが、人間だって同じことです。

私たちの血液は海水とほぼ同じミネラル濃度です。ミネラルを補充し続けなければ身体を健康に保てません。そのためには海の塩を摂るのが最も効率的で安易な方法です。

塩は生活習慣病、特に高血圧の元凶にされて、減塩政策が長い間、行われてきました。それでも降圧剤の売り上げは鰻上りです。高血圧の基準値も160↓140↓130へとどんどん引き下げられてしまい、今や一億総高血圧病の様相を呈しています。何だか変だな？　何かが変だな？　と思う医師や薬剤師はまだほとんどいません。

2002年に塩の製造と販売が自由化されて自然塩ブームが起こりましたが、徹底した減塩洗脳を打破することは叶いませんでした。

しかし良質な自然塩を「増塩」して摂ることで、生活習慣病やアレルギー疾患、関節疾患、皮膚疾患などが軽快してしまった報告も増えてきています。

食塩は食毒ですので、できるだけ摂らない＝減塩が必要ですが、良質の自然塩は、何か心身の症状がある間は積極的に増塩するのが自然医学の食養生法です。そして気になっていた症状が消えれば、後は身体の欲するままに適時加減しながら自然塩を摂り続ければ良いのです。

自然塩中心の食生活に慣れてくるに従って、あまり気になっていなかった身体の症状と心の小さな凹みクセも消えてしまいます。私も自然塩生活にしてから、それまで台所仕事にお湯を使うから仕方ないな、と諦めていた冬の手指のあかぎれやひび割れが消えてしまいましたし、衣服の脱ぎ着の際のあの静電気のパチパチも軽くなりました。瞑想の際に浮かび上がってくるイメージも、より明瞭になってきましたし、普段の心情も霞が晴れたような爽快感があります。お風呂に自然塩と重曹を混ぜ合わせた自家製入浴剤を入れ始めてからは、肌のスベスベ感とポカポカ感、何より湯冷めのし難さを感じています。

梅干しや漬物、味噌や醤油などの塩にも気をつけましょう。スーパーに並んでいるものは、食塩が使われていることが多いです。有名店や老舗店の商品でも、あれれ？　なことがよくあります。値段に騙されてはいけません。ホームページを見ても、実際にお試しで商品を取り寄せてみても、塩としか書いてないことがよくあります。せめて天然塩が原料のものを、できれば○○の自然塩と明記してあるものを選びましょう。

梅干しは簡単に作れます。私も十年以上作ってきました。失敗しないコツは塩を目一杯入れることです。梅干しは毎日いただくものですから信頼できる自然塩を使いましょう。そして一年以上寝かせると、昔ながらの梅干しができあがります。減塩梅干しなどのまがいものではなく、本物の梅干しをぜひ味わってください。お値段はちょっと張りますが、無農薬無肥料の自然栽培の梅と赤ジソも簡単に入手できますので、究極の梅干しを楽しむことだって誰にでもできます。身心頭魂が喜べば喜ぶほど本物の健康と幸せを手に入れることができるのです。

お味噌や醤油は発酵方法にも注視しましょう。スーパーに並んでいる味噌や醤油は、数週間～数カ月で強制的に発酵したかのように見せかけたものがとても多いので要注意です。味噌は少なくとも一年間、発酵させたものにしてください。ネットで検索すれば、簡単に二年、三年……発酵させた味噌に出会うことができます。そのような本気の味噌屋さんを訪れてみると、長年使い続けてこられた味噌樽に宿っている微生物たちの息吹を生で感じ取ることもできます。

発酵には、その場所の空気と水と職人さんたちの氣がとても強く関わってきます。実際に味噌や醤油を混ぜ起こししている職人さんたちの気持ちを覗き込むと、商品となった味噌や醤油に、どのような氣が込められているのかが感じ取れます。

氣の合う味噌や醤油は、身心頭魂の波動を大いに高めてくれます。逆に氣の合わないものだと、いくら良質な素材で作られていたとしても、免疫力にも自然治癒力にも良い反応は期待できません。

どこのお味噌が、お醤油が私には良いのだろう？　と思っていると、不思議と出先で、こだわりの店が見つかります。あとは時間を作って行ってみるだけ。最初の店がイマイチでも、不思議な縁は最適な店が見つかるまで続くものです。いろいろと訪問しているうちに、どんどん知識は豊かになってきます。やがてその知識が発酵して智恵となります。身心頭魂の声も、食材の声もとてもよく聞こえてくるようになってきます。

お地蔵さまたちも、六道の餓鬼道と地獄道へ救済に赴く際には、味噌玉と塩たっぷりの玄米のおにぎりを持参されるそうです。救済した魔人にそれらを与えると、大泣きしながら貪るそうです。食べても食べても減らない味噌玉とおにぎりを食べ続けているうちに、我欲とエゴと煩悩が黒い煙となって立ち上り、やがて消えてしまいます。そして、もう魔人ではなくなっています。

「魔人のままでは極楽往生できませんからね」と、お地蔵さまも笑っておられました。

「味噌と塩と玄米が大切なのですよ。大切な人が亡くなって四十九日の間なら、味噌玉と玄米おにぎりを供えていただけると、私たちも魔界に堕ちる前に救出しやすくなるのです。これを皆さんに伝えておいて下さい」と仰ってました。

⑦　乳製品

小麦だけではなく乳製品もですか！　の悲鳴も聞こえてきますが、乳製品もＮＧです。乳製品で骨粗しょう症が防げないことは、ヨーロッパの酪農王国での罹患率からも明らかです。

乳ガンの患者さんたちを診ると、乳腺を通る経絡経穴が毒で詰まり、ひどい悪血と冷えに陥っていることが分かります。病巣側はもちろんのこと、健常側も詰まっていて、早晩、対側のリンパ節や肺にも転移する可能性が高いことが見て取れます。

もちろん乳ガンの原因は乳製品だけではありません。女性性を否定する自意識や血液の汚れなども原因となりますが、それらを解決するよりも乳製品ＮＧの方が簡単に取り組めるので、診察時に乳ガン発症の危険性がある方々には乳製品ＮＧを伝えています。

水牛のモッツァレラチーズのように、親と子の悲しみと憎悪が籠もった乳製品を一口でも摂れば、そのまま直ぐに魔人と化してしまいます。すでに魔人と化して、この魔界を楽しんでいる魑魅魍魎《ちみもうりょう》ならば、いくら乳製品を摂っても何も起こらないかもしれませんが、かろうじて守護霊や神々に護られながら人間であり続けることができている方々は、老若男女を問わず、乳製品は完全にＮＧです。

日本人は何時から乳製品を摂り始めたのでしょうか？

奈良時代にはすでに酥《そ》という牛乳を煮詰めて作ったバターがありましたが、それを口にできたのは貴族だけでした。

乳製品も肉食と同じく明治時代からの比較的新しい食習慣です。そこには、やはりドイツ流の強兵策が見え隠れしています。戦後は戦勝国の酪農産業の拡大発展に寄与するべく、乳製品をどんどん摂ることが奨励されました。今では食生活の必需品の地位を占めるまでになりました。

確かに身長も体格も大きく立派になりました。しかし乳製品を若い頃から摂り続けてきたはずの高齢者たちの多くは、骨粗しょう症の薬を飲まされています。若者たちも簡単に骨折してしまいます。

骨が丈夫になる？　欧米では、乳製品＝骨折予防を否定する医学的報告がたくさん出ていますし、リーキーガット症候群やアトピー・喘息などのアレルギー疾患との強い関係性も疑われています。牧草の農薬問題も、家畜飼料への様々な薬剤の混入も、家畜へのホルモン剤の投与も隠蔽されたまま、新製品が次々と市場に投入されています。

自然医学を極めてくると自給自足の暮らしになってきます。田畑がないのならば、自然農でがんばっている農家さんから旬の作物を購入しましょう。もし、どうしても乳製品が摂りたければ、自分で乳牛を飼うぞ！　の気持ちになってください。

日本の酪農家の中にも、稀に自然農の酪農を細々とやり続けておられる方もいますので、本気！　になれば、縁が繋がるでしょう。その牧場まで足を運んで、乳牛に直接触れて、あなたのミルクを私に少し分けてくださいね、とお願いしてみましょう。乳牛の氣とあなたの氣が合えば、乳製品の副作用は起こらないはずです。

「昔、あなた方は、出産後に母乳の出が悪い時には、母乳がよく出るお母さんから、もらい乳をしていましたね。それは慈愛と感謝の念がこもった母乳でした。牛さんもあなた方と同じ生き物です。喜びも、悲しみも、幸せも、苦しみも同じなのですよ。ミルクはね、母の慈愛そのものだから、分けて頂いた喜びと感謝を忘れないようにね」とお地蔵さまも仰っていました。

⑧　玉子

食養生を指導していると、玉了はどうですか？　も必ず尋ねられます。

玉子は物価の優等生と言われ続けてきましたが、その背景には養鶏業者のたゆまぬ努力があります。その努力が知らず知らずのうちに魔性に染まってしまいました。餌の質、ケージの容積、薬剤の使用量などにおいて、もはや生き物ではなく、鶏卵製造機として効率性だけを追求され続けてきた結果がスーパーの特売値段を支えています。

鶏は生まれて120日ほどで玉子を産み始め、その後200日をピークとして1年半ほど産卵します。鶏の寿命は5年ほどですが、養鶏場では生後2年ほどで殺されます。そんな一生の間に産む玉子は300〜400個です。

生後1年すると、玉子の質を上げるために二週間ほどの断食をさせられます（強制換羽）。内臓がリフレッシュすると良質な玉子を産み続けてくれるからですが、人間界の断食と同じ効果を鶏たちは身を挺して実証してくれています。

自然農法の一環として養鶏をやっている農家さんから、ぜひ一度、玉子を分けてもらってください。きっと黄身の色に驚愕しますよ。それまでのオレンジ色や濃厚な黄色が如何に毒の色だったのか……それを美味しいと思い込まされていたことに気づいた後、まだ今まで通りの玉子を食べますか？　を自問自答してください。

ヒヨコとして生を受けても、すぐにオスは殺されます。ひ弱な鶏、病に罹った鶏も殺されます。元気で玉子をいっぱい産んでも、2年経てば皆殺しされます。

ひとつの玉子をいただく時、そこにいくつもの生命たちとの繋がりが見えていれば、ありがたく頂いても良いでしょう。溢れんばかりの感謝と慈愛と生の喜びを、ひとつの玉子がもたらしてくれます。

「いただきます」「ごちそうさまでした」の気持ちを思いだして下さい、とお地蔵さまも仰っていました。

感謝と慈愛の「いただきます」をすれば食べても良いのですね？　では、まだまだ六道輪廻のままです。

玉子を一個、目の前に置いて、半開眼でそれを見つめたまま瞑想してみましょう。青空の瞑想のように、玉子の殻に意識が吸い込まれていくままにします。空性に近づくと、殻が透けて黄身が見えてくるかもしれません。あなたの仏陀さまや守護霊さまが見えてくるかもしれません。鶏の神さまが見えてきても心配要りません。玉子の精や天使が見えてくるかもしれません。

何も尋ねる必要はありません。あなたの意識の中に何かメッセージが浮かんでくるでしょう。やがて、あなたの意識も空の中に霞のように消えていきますが、玉子との意識の繋がりは残ります。

目が覚めたら、いつもの普通の意識で玉子に向かって「いただきます」と話しかけます。きっと玉子の声が返ってきます。「ごめんなさい」や「許してください」は無用です。それは同じ生き物同士の輪廻の渦の中に、自ら飛び込んでしまうことになりますから。

必要なのは、何かに気づくこと、覚醒すること。そして輪廻から解脱することです。あなたが覚醒し解脱できれば、あなたが見つめている玉子も覚醒し解脱できます。その波紋は玉子の集合意識体に広がっていき、喜びと感謝と慈愛が深まるでしょう。そこまであなたの意識の波動を高めることができれば、あなたの「ありがとう」も「いただきます」も、とても崇高な廻向の言葉になっています。

あなたの中にも、誰の中にも、そして玉子の中にも、仏陀さまが宿っています。玉子の仏陀さまに廻向すれば、すぐに大きな廻向の大波が、あなたの世界にも返ってきます。まずあなたの世界を五次元世界にすること……玉子一個がそんな覚醒と解脱の起爆剤となってくれるのです。

⑨　魚

肉はもう一切食べませんが魚はどうですか？　の質問も必ずいただきます。

自然療法では、旬の魚を丸ごといただくことが大切だ、とされています。ですが、さすがに政府機関も、水銀貯留の多いキンメダイ・メカジキ・クロマグロ・メバチ・クジラなどを妊婦は食べないで！　とPRしている程、魚の毒汚染も深刻です。

まず近所にお魚屋さんがあるか探してみましょう。お魚屋さんには、まだ丸ごと一匹の魚たちが並んでいます。大きさとしては最大でカツオくらいでしょうか。出刃包丁があれば、自分で三枚に下ろせます。ユーチューブには、魚ごとの下ろし方が懇切丁寧な映像付きでありますので、まったくの初心者でも簡単に魚を下ろすことができます。

お魚屋さんで買ってくる魚は、アジや小鯛が多くなるでしょう。大きめな魚の三枚下ろしができるようになっていれば、焼き魚、煮魚だけでなく、自家製の一夜干しや味噌漬けにすることもできます。

もちろんメザシやジャコもOKです。

魚も食べません、な食養生でも、自然医学的にはまったく問題はありませんが、日本人の遺伝子的には、近海物の魚を食するのに適した消化器官になっていますので、ご自分の信条に従っていただければ良いでしょう。

魚たちの集合意識体に魚食について尋ねてみると、魚たちが生かされている海や川への感謝と慈愛の廻向として、人間たちに食べられることを自ら選んだ魚たちですから、悲しみや憎悪はないそうです。

ただし今の商業主義が大暴走したトロール漁業には強く抗議しています。底引き網で海底を削られると、海底に堆積していた有機物が半減してしまうからです。

「あなた方は知らないままかもしれませんが、すでに海の生態系は瀕死です。多くの魚たちが海底で生まれ、大海原を楽しんで、最後には海底に戻ってきて死を迎えます。その海底が底引き網や海底ケーブルや産業廃棄物や放射性物質で瀕死の状態です。海の神さまもとても心配して下さっていて、いつでも大海嘯を起こして排毒浄化しますよ、と仰って下さっています。私たち魚は、すでに海の神さまにそれを一任しました。

あなた方は、○○が不漁だ、○○が豊漁だ、と一喜一憂しているだけで、その真意に気づいている人間は誰ひとりいません。最近、あなた方の食卓に上る魚たちの目がほくそ笑んでいることに気づいてはいないでしょう？　別にあなた方を卑下しているわけではありません。哀れだな、の思いも少しはありますが、あれは慈愛の眼差しです。食された魚たちは涅槃へと昇りますが、あなた方は六道輪廻へと堕ちます。

私たちは昔も今も幸せです。その幸せな気持ちを人間に分けてあげたいのです。残された時間はわずかかもしれませんが、私たち魚を食する時、幸せの氣もしっかりと味わっていただきたいのです」と魚の集合意識体は穏やかな声で仰っていました。

お地蔵さまに魚食について伺うと、なぜか猫の話になりました。

「昔の猫たちは魚を食べていました。魚を食べていた猫たちは皆、お地蔵さまが大好きで、よく一緒に遊んだり、昼寝したりしてくれていました。でもキャットフードで生きている猫たちは、なぜか私たちと遊ばなくなってしまいました。私たちの姿が見えなくなってしまったのかな？　石にしか見えてないように素通りしてしまいます。猫たちの世界も変わってしまったのかな？　私たちが話しかけても、もう声も聞こえていません。何だかいつもイライラして怒っている猫ばかりになりました。人間に疲れたのかな？　猫たちも大変だな、と悲しくなります」

２０２２年に入り、確かに犬や猫たちに何かが起こったように感じられます。人間のコロナ騒動のとばっちりを受けたのでしょうか？　それとも……。

「焦る必要はありませんよ。そのための衆生救済なのですから。六道のどこに堕ちても、私たちは救いの手を差し伸べます。あなたはその手をつかみさえすれば良いのです」とだけ、お地蔵さまは答えて下さいました。

2　電磁波毒

デジタル社会がどんどん進化するに従って電磁波毒も強くなっています。

電磁波過敏症は、21世紀に入ってから欧米で騒がれ始めましたが、ＷＨＯや主要国の公衆衛生機関は、いち早く否定的見解を公式発表して火消ししてしまいました。当然、日本でも電磁波過敏症は陰謀論の範疇に入れられてしまい、西洋医学だけでなく東洋医学でも問題視されていません。

しかし臨床現場では確かに電磁波過敏症も電磁波毒もあります。そして年々悪化の一途をたどっています。

電磁波毒は全身を冒しますが、特に脾臓と大網膜・腸間膜と脳・脊髄を強く冒します。大網膜や腸間膜と脳神経系は脂肪組織が豊富な組織です。特に脳は、その構成成分の半分を占める脂質が脳神経の電気伝達系の恒常性維持に欠くことのできない役割を果たしています。大網膜や腸間膜の脂肪組織は、細胞免疫と密接な関係があります。脾臓でも、白脾髄のＢリンパ球、Ｔリンパ球、形質細胞と赤脾髄のマクロファージが免疫系に関与しています。

自然医学の目で様々な病気を診てきましたが、電磁波毒が特に強く溜まっている方々には、脾臓と大網膜や腸間膜に関係する経絡経穴に難治性の冷えと悪血があり、特に脾臓が電磁波毒に強く冒された方々には電磁波過敏症が現れ、大網膜や腸間膜が強く電磁波毒に冒された方々には下半身の冷えと悪血症状が現れ、それらが更年期障害、不妊症、不感症、子宮筋腫や子宮頸ガンの誘因になっていました。あのワクチンの遺伝子毒も、脾臓と大網膜と腸間膜を特に強く汚染していたとするレポートもあります。

電磁波毒が脳を強く冒すと、発達障害やＡＤＨＤ、統合失調症や認知症の誘因となるようですし、スマホやパソコンからの電磁波毒は脊髄を局所的に強く冒して脊髄空洞症や脊髄小脳変性症や髄液漏の誘因となる可能性があります。

難病奇病や死病で初診された患者さんの体電圧を測ると10Ｖ以上の方々ばかりです。アーシングの盛んなアメリカの報告によれば、10Ｖ以上あると、電磁波過敏症だけでなく、何らかの難病奇病や死病を持っているので要注意だとされています。

人間は生きている限り体内静電気を帯びています。これは血管を流れる血液との摩擦や神経系の活動と筋肉活動の電気反応から生じる静電気ですので問題ではありません。入浴後には新陳代謝が活性化されるので体内静電気量もわずかに上昇します。

この体内静電気があるので、いくら徹底的に電磁波毒を排毒浄化しても体内の電圧測定値はゼロにはなりませんので、1V前後を目安として電磁波毒の排毒浄化をしていきます。電磁波毒は、諸毒の排毒浄化の中で最も簡単にできます。やるべきことはただひとつ、アーシングです。安上がりな上に効果的なのは、毎日大地に裸足で30分以上立つ方法です。一週間ほど大地でアーシングしていれば、体内電圧も1V前後に回復してきます。一度電磁波毒の排毒浄化をしてしまえば、数日間なら何もしなくても体内電圧は上がってはきません。

もうひとつ、お薦めの排毒浄化法は、自宅のお風呂にアース線を入れる方法です。日本の家庭なら、お風呂場の近くに洗濯機用のコンセントがあります。どんなに古い家でも、この洗濯機用のコンセントにはアース端子がついています。そこにホームセンターで売っているアース線を繋いで、もう一方の銅線を露出しておいて、お湯の溜まった湯船に入れます。あとはゆっくりとお湯に浸かるだけで、一週間もすると電磁波毒のアーシングが完了します。

もう少しストイックに電磁波毒の排毒浄化をしたければ、家電製品のコンセントは使用時以外は抜いておきましょう。普段パソコンを仕事で使っている場合は、できるだけ内蔵バッテリーでの使用にします。電磁波測定装置で測ってみると、パソコンの電源接続部位に強い反応を示すことが多々あります。

スマホやタブレットの充電は、必ず別室でするようにします。特に就寝時の枕元でのスマホ充電は絶対に禁止です。最近、夜間の睡眠や呼吸状態をモニターするスマホ用ソフトがありますが、スマホは絶えず基地局と繋がろうとしていますので、それだけ無用な電磁波毒を浴びてしまいます。スマホを捨てなさい！　とは言いませんが、できるだけ使わない、近くに置かないように心がけてください。

冬のコタツや電気暖房器具も、かなりの電磁波毒を出します。電気毛布も、よく探すと電磁波フリーなものもありますが、ほぼすべての電気毛布はＮＧだと思っても良いでしょう。

エアコンは、どれもアース端子に繋がれているはずですから思ったよりも電磁波は出ていません。逆にテレビやＰＣモニターは、想像以上に強い電磁波毒を放出しているので要注意です。

家や職場の近くに高圧電線が走る鉄塔がある場合と、自宅をオール電化にしてしまった場合は万事休すです。意を決して引越された方は、数週間で見事に難病奇病からの回復が始まりました。

町を歩けば、ズボンのポケットにスマホを入れている男性や膝の上にパソコンを置いて仕事をしている女性がごく普通に見かけられますが、それらが男女の不妊症、子宮ガンや更年期障害、副腎疲労などの誘因とされていることは、日本人は誰ひとり知りません。

5Gが導入された途端に様々な電磁波過敏症が現れたために、すぐに5Gを中止した国々もある中で、いつものようにマスコミに煽られるままに5Gに群がる日本人は無明の権化です。スマホを使っていなくても持ち歩いているだけで、5Gの基地局から猛烈な電磁波をスポット攻撃され続けてしまいます。それは、ずっと電子レンジの中に居るようなものだ、と危惧されてもいます。

福島の原発事故で日本人が如何にクレイジーなのかは、すでに世界中に知れ渡っていますが、それでもこの電磁波に無頓着な光景を直接、目の当たりにすると、神々でさえ「オーマイゴッド！」と叫んでしまわれます。

電磁波過敏症を起こしてしまうような電磁波毒に敏感体質の方には、入浴アーシングの他に、様々なアーシンググッズもお勧めしています。家庭内なら、どれもコンセントのアース端子にアース線を繋ぐことで電磁波毒をアースする仕組みになっています。銀繊維

を織り込んだシーツや枕カバーは睡眠中にアーシングしてくれますし、デスクワーク中なら足下にアーシングマットを敷いておくのも良いでしょう。私は庭に自家製アーシング森林を作りました。子供用の砂場セットに、信州の無農薬腐葉土をたっぷり入れただけですが、これでも十分なアーシング効果が得られます。

アーシングしても瞑眩反応はほとんど現れません。稀に軽い湿疹や痒み、しびれや神経痛、関節痛などが出ることもありますが、電磁波毒がなくなり神経系や皮膚の新陳代謝が回復した証ですから数日で消えてしまいます。

電磁波毒は、視力低下や乱視、眼圧上昇、黄斑変性などの眼科症状にも強く関わっていることがあります。アーシングすると、それらの眼科症状は軽快してしまいますが、眼科からいろいろな点眼薬、特に眼圧調節薬を出されている場合は要注意です。アーシングを始めて数週間後に、何となく目の症状が変わったような気がしたら、早めに眼科主治医に診てもらいましょう。これは整形外科や皮膚科でステロイドや免疫抑制剤を出されている場合も同じです。

お地蔵さまに電磁波毒について伺いました。

「地獄には電磁波毒はないと思っているでしょう？　確かにどんなに強力な電磁波でも、人間界を超えて他の六道に達することはありません。

しかし地獄には恐ろしい風が吹き荒れています。電磁波よりも、もっと恐ろしい風です。無数のカミソリと鋭く尖った冷たいヒョウと真っ赤に焼かれた鉄粉が荒れ狂いながら襲いかかってくる風です。

死んだら肉体がないから苦痛もない、と安易に思っているでしょう。地獄を甘くみてはいけませんよ。地獄の風は、あなたの意識体に最悪最強な苦痛を与え続けます。それが地獄だからです。電磁波毒で命を落とした者たちは、そんな地獄の風が最も酷く吹き荒《すさ》ぶ高山の頂に堕ちます。決して下山できません。どこにも風をよける場所はありません。小さな小さな肉片ミンチになるまで切り刻まれて強風に飛ばされてしまうと、すぐに復活させられて、また同じ高山の頂に立たされます。

私たちが救済の手を差し伸べても、手をつかむ前に肉片にされてしまいます。手をつかめたと思っても、引き上げると手の爪しか残ってはいません。数体の地蔵が風よけとなっている間に、サッと引き上げてしまわなければならない救済劇ですが、この世にいた時の電磁波への依存が強いと重くて中々引き上げられません。その間にも意識体は下から上へと、なます切りにされてしまいます。

この地獄に堕ちる者は、つい数十年前まではとても少なかったのです。昔は嘘の情報を流して戦争を起こしたり、民人たちを奴隷化したり、文明や信仰を滅ぼしたりした者たちが頂に縛りつけられていたくらいでした。

それが今では頂も押すな押すなの大渋滞です。地獄の風もますます煽られて巨大化してきて、地獄界から漏れ出して畜生界や餓鬼界や修羅界、遂には天界にまで吹き出してきています。もちろん、この人間界にもね。

人間たちの心が切り刻まれて、慈愛と感謝と喜びが血しぶきを上げながら消えていっていることに、皆さんは気づいていますか？

愛の大出血です。愛が乏しくなると、もう魂を人間内に留めておけなくなります。そんな魂が逃げ去ってしまった人間たちは今、魔物と化したまま電磁波毒を浴び続けています。死んでくれれば、私たちも救済の手を差し伸べられますが、魔物のままでは、どうしようもありません。魔界と化したこの世が滅びてから、ゆっくりと彷徨える魂たちを救済します。

でも本当は今、気づいて欲しいのです。私たち地蔵の声がひとりでも多くの人たちに届いてくれれば、と祈りながら今日も六道を彷徨う者たちを救済しています」

3 香毒

もうこの世の自然の香りは壊滅状態です。

生の花々の香りにさえ、どこか農薬や化学肥料の臭いがしています。○○の香りの消臭剤の臭いが、その花の香りだと洗脳されてしまったこの世ですから、それも仕方ないのかもしれません。

スーパーの野菜も果物も、香りを失ったものばかりが並んでいます。手に取って匂いを嗅ぐ人はもういません。安さと甘さと見栄えだけで買われていきますが、大地と水とお日さまへの感謝は誰も持ってはいません。

野菜も果物も太陽の恵みです。お日さまからの生命を育む光のエネルギーをいっぱい浴びて、蓄えて、私たちの身心頭魂に運び込んでくれます。ビタミンやミネラルや糖分、繊維質などは栄養学的には必要なものかもしれませんが、天地自然の生き物たちの視点に立てば、太陽の恵みの質と量、光のエネルギーの波動の高さと美しさこそが大切です。それはソマチッドをどれくらい活性化してくれるのかで分かります。

公共機関はどこも「消毒済み」です。コロナのおかげで消毒薬も市民権を得てしまいました。大自然の中にいてもマスクを手放せないのは、すでに魔人と化してしまった証です。

家庭の中に、どれほど大量の香毒を抱え込んでいたのか……香毒の排毒浄化を始めた方々は一様に驚かれます。シャンプー&リンス、入浴剤、洗剤&柔軟剤、掃除用品、化粧品、芳香剤や消臭剤、時には加齢臭や汗臭の消臭剤まで……そして調味料にも、家の内装材や家具たちにも、たっぷりと香毒は染み込んでいます。香りだから身体にはあまり吸収されない、食べたり飲んだりしないから安全だと思っているから、こんなにも香毒に冒された魔人たちばかりになってしまったのでしょう。

難病奇病の原因として、木材に染み込んでいた何らかの化学薬剤が最も疑わしかったこともありました。新築の木造住宅だけでなく、新築マンションのフローリングでも同様の香毒が起こることがあります。

山の木は水を豊富に含んでいます。含水率で比較すれば、木は150パーセント、乾燥木材は20パーセントです。原木から製材されたばかりの木材は、乾燥させなければ曲り、反り、割れが生じます。乾燥材木でなければ、せっかく建てた家も長持ちしないのです。

木材の乾燥には天然乾燥と人工乾燥があります。天然乾燥は時間がかかります。早くて半年、大きな木材だと3年かかることもあります。人工乾燥なら一週間ほどで最適な含水率まで乾燥させることができます。

しっかりと自然乾燥させた木材で建てられた家は、とても温かで優しい氣に満ちています。新月伐採した木材で家を建てると、病魔をはじめとする様々な魔物や悪霊をはねのけてくれます。

香毒は、鼻腔から嗅神経を介して直接、脳の深部に染み込んできます。脳の表面の大脳皮質ではなく、脳深部の大脳辺縁系や基底核群から冒し始めるのです。

そこは情動、記憶、自律神経系や免疫系の恒常性維持の中枢です。意識不明に陥らせることも、正反対の性格にしてしまうことも、脳深部を香毒で支配してしまえば容易にできます。衝動的な暴力事件、歩道に突っ込んでしまう交通事故、集団イジメやレイプ事件の増加の原因に香毒の蔓延と増悪も大いに関わっているように見受けられます。

香毒は人を狂わせます。攻撃的になるだけではありません。閉じこもりや酷いウツ、幻覚妄想や悪夢なども、香毒の排毒浄化で見る見る改善してしまうことがよくあります。

タバコの害と同じように、香毒も家族全員を冒していきます。父親の加齢臭対策も、母親のシャンプー&リンスや香水類も、部屋の消臭除菌剤も、乳幼児たちは毎日吸い込んでいます。笑わない赤ちゃん、自閉症や発達障害だと診断される乳幼児たちの脳深部にドロドロの香毒が溜まっていたこともありました。

香毒にも、薬毒と同じような依存性と禁断症状があります。タバコに砂糖系の添加物が多数混入されていて、それが禁煙を難しくしていることは、自然医学では常識です。砂糖が人類最大の麻薬であることは、ダイエットの難しさを見れば一目瞭然でしょう。

マスクを手放せなくなった人たちのほとんどが、すでに酷い香毒に冒されています。香毒を排毒浄化した人たちは、もうマスクは息苦しくて続けられないと言います。実際に酸素飽和度を測定してみると、マスクを手放せない人たちの数値は、マスクなしの生活をしている人たちよりも、数パーセントですが低下しています。このわずかな血中の酸素濃度の低下などでは何も起こらない、というスタンスを医学界は取り続けていますが、それは無知なだけ。舌癒着症の治療に関わってきた知識と数百例の治療経験から、そんなわずかな酸素濃度の低下でさえも、脳血流の微小循環の低下から様々な症状をもたらすことが分かっています。特に自閉症やADHDの子供たちが舌癒着症治療で次々と回復していく姿を見てきたので、マスク必須のこの世、特に子供たちの将来に強い危機感を覚えています。

香毒の排毒浄化は、まず家庭内の香毒をすべて廃棄処分することから始まります。まだ残っているから、まだ未使用だから……で置いておくのはNGです。断捨離は最初の決心と実行がすべてです。腐って悪臭を放つ食材を、もったいないからといつまでも冷蔵庫に入れておくような真似はやめましょう。

シャンプー&リンスの代わりは何が良いの？　どんな消臭剤ならOKですか？　等は本気でネット検索すれば、いくらでも出てきます。もちろん企業と医学界、製薬業界のステマが横行していますから、知識と自分軸がなければ、すぐに再洗脳されてしまいます。

断捨離しようと決心したら、エイヤッと一度は陰謀論の世界に飛び込んでしまうのも一手です。陰謀論の世界にもステマがたくさん入り込んできていますので、誰でも最初は騙されてしまいます。しかし自分で考えるクセ、ちょっと距離を置いて一連の陰謀論を俯瞰してみるクセを養っていけば、それほど重症化せずに本物の知識だけを陰謀論の世界から汲み上げることができるようになります。

家中の香毒の断捨離が終われば、排毒浄化を始めましょう。食毒や薬毒の排毒浄化をがんばっていると、香毒も自然に排毒浄化されていきます。

お薬師さまからのお薦めは、芳香と温浴です。

お線香（化学物質無添加のもの）の芳香は、脳深部の香毒を溶かしてくれます。特に真言を唱えたり、瞑想中のお線香の芳香は、強力な香毒の解毒薬となるそうです。あのワクチンのシェディング対策をお薬師さまと話しあった際には、お灸の煙を一押しされました。「艾《もぐさ》の煙だから、それなりに効きますよ、棒灸も良いですね」と仰いました。

空と観

棒灸から揺らぎ上る煙を眺めていると時間が見えてきます。この世の時間が揺らぎながら流れ去っていくのが見えてきます。

棒灸の赤い火点は、どれだけ時間が流れ去っても、ひとつのまま、元のままで変容しません。火点だけが時間を超越しているのが分かります。

火点から生じた煙を目で追っていくと、時間の流れと共に様々な形模様に変容しながら、やがて見えなくなってしまいます。

あの煙は無に消えたのか？　ただ見えなくなっただけなのか？

まるで一人の人間そのものです。生老病死そのもの。でも、それは煙の一点を目で追っていたからです。火点はずっと同じままです。

煙も次から次へと生じては様々な形模様を織りなしているだけです。それはまるでこの世の人間模様です。そんな煙模様を眺めているのは誰でしょうか？

人間ひとりひとりには、自分が織りなしている人間模様は見えません。煙の一粒が時間の流れに流されているに過ぎませんから。

そんな人間模様を見て楽しめるのは神の目です。

では、火点は誰でしょうか？　神ではありません。「火傷しちゃいますよ」とお薬師さまは笑っておられました。

火点から絶えず煙りが湧き上がってきます。これと同じ光景があります。心のどこかから絶えず湧き上がってくる思考です。温泉の源泉が大地から湧き出すように、心のどこかにも思考の源泉があります。

そんな思考の火点を見つめる時、静寂《シネー》の境地に居ます。空性を見つめている、そこが空です。

「お線香に火を灯すと、そこはもう般若心経の世界ですよ」

では観《ラントン》とは何でしょうか？　どうすれば空から観へと至れるのでしょうか？

「私たちも、それを知りたくて、ずっと神をしているのです」とお薬師さまも笑っておられましたが、神でいることをもうしばらく楽しみたいから……。それは私もなぜかずっと以前から知っているような気がしました。

神さまは、火のついた棒灸を持っておられます。立ち上る煙が織りなす様々な模様を楽しんでおられます。棒灸を揺らせば、煙模様も揺れ動きます。でも、神さまは棒灸を握っているがゆえに火点に飛び込むことはできません。もし飛び込めば、棒灸は宙に浮き、誰かが棒灸を握り直さない限り、ポタリと落ちてしまいます。空性も空もろともに落ちて消えてしまうでしょう。神界も神々も、大宇宙も人間界も、天地自然のすべてが一瞬で消えてしまいます。

そこで人間の出番です。だから人間なのです。

人間なら空性の中に飛び込むことができます。火点に飛び込んで、火点そのものと同化してしまうことができます。貴賤善悪と生老病死を嫌と言うほど繰り返してきた人間ですから、悪に染まることも、死んで消えてしまうことも慣れっこです。人間はひ弱です。軟弱な自分軸だからこそ、簡単に自分を捨て去ることができます。

「そこに人間だけが生老病死に苦悩する謂われが見えるでしょう」とお薬師さまは微笑まれました。

「病は煙に過ぎません。火点に病魔が潜んでいます。その火点に飛び込めるのは、あなたたち、人間だけですよ。だからあなたも人間なのです。病を楽しむことは難しいでしょう。でも人間を楽しむことは容易いですよ。だって今は人間ですからね」

空性の中に飛び込めば、そこは観です。ただ燃えている火に、完全なる光明となります。もう自我はありません。完全な空であり、新しい光明の始まりです。そして空と無の世界を泳ぐ新たな龍神が一匹増えるのです。

お線香や棒灸の煙には、そんな深淵なる空と無の世界への入口がいつも開いています。そんな芳香の中で、しばし瞑想すれば、香毒は大いに排毒浄化されます。

温浴

温浴も香毒の排毒浄化によく効きます。

家庭のお風呂なら塩と重曹を入れましょう。水道水の塩素は、諸毒の排毒浄化の足を引っ張りますが仕方ありません。体感的には、塩と重曹が塩素の毒をかなり浄化してくれます。湯の花を入れると温泉とかなり似た成分となり、発汗作用、保湿保温作用と共に諸毒の排毒浄化作用も高まります。但し風呂釜を傷めたり、浴槽に色がついたりする点は要注意です。

入浴方法は、ゆっくり、のんびり、ぽかぽかとが大切です。41℃以上の熱い湯では長湯はできません。カラスの行水では身体の表面だけが熱くなっているだけで、身体の芯まで温めることはできないので諸毒の排毒浄化も期待できません。巷の温泉療法の本ではＮＧとされている30～60分間、ぬるめの湯に浸かっていることが最も諸毒の排毒浄化を見込めます。

ゆっくり入浴を始めて20分間くらいは、サラサラな普通の汗が出ます。その後、濃厚な汗が出始めます。時には湯に油膜が浮かんだり、湯の中に小さな浮遊物が見えるほど排毒浄化が進むこともあります。

長湯の注意点は脱水ですので、水分を湯船の脇に持ち込んでおいて絶えず水分を補給するようにします。脱水気味では諸毒の排毒浄化は止まってしまいますから、しっかりと水分を摂ることが大切です。

スマホやタブレットを持ち込んで動画を見ながら、の入浴もリラックス効果はありますが、諸毒の排毒浄化の面からはＮＧです。香毒の浄化排毒を最優先させるのなら、浴室を少し暗めにして自分の好きな香りの線香を燻らせながら静かに瞑想浴するのがベストです。水滴がゆっくりと滴《したた》る音は、聴覚野を介して脳深部の諸毒を洗い流す効果があります。

虹の滴りの観想

水滴の音とシンクロして、天空から額に虹色の水滴が滴り落ちてくるのを観想します。虹色の水滴が額から真っ直ぐに松果体へ染み込むと、松果体も虹色の光に包まれ、光を無限大に増幅して脳全体、頭全体が虹色の眩しい光になります。

溜まっていた諸毒は、鼻から、耳から、顔から、頭全体から汗となって流れ去ります。吐く息からもガス状の諸毒が一息ごとに排出されます。

頭に満ちた虹色の眩しい光は、首、胸、手、背中、お腹、腰、足へと身体中を虹色で染めていきます。

身体に溜まっていた諸毒も、虹色の光に押し出されるように外へと排泄されていくのを観想します。

いつしか身体中が虹色の光に変容しました。あなたは虹の身体になりました。次の虹色の水滴が滴り落ちてきた時、あなたの意識も虹色の光と化して、頭頂から天空へと真っ直ぐに伸びる虹となります。

虹の身体には、もう毒はありません。虹の光が全ての毒を浄化してくれました。虹の意識にも、もう毒はありません。虹の光が我欲とエゴと煩悩を解毒してくれました。全ての浄化解毒が終わると、あなたはＡＨ　ＨＡＡと息を吐いて我に返ります。


家庭のお風呂では難しいかもしれませんが、源泉かけ流しの本物の温泉なら、ここまで観想すれば湯の中に温泉の神さまが現れます。そのお姿が見える方も多いでしょう。神さまの姿ではなく、龍神たちが気持ちよさそうに温泉を泳いでいる姿が見えることも多いです。

神さまも龍神たちも温泉が大好きです。神さまや龍神たちが気持ちよさそうに入浴されている温泉なら、あなたの諸毒の排毒浄化にも抜群の効果があるはずです。

一度、温泉の神さまや龍神たちと出会って、わずかでも会話を交わすことができていれば、その後の家庭のお風呂でも、気持ちよく瞑想しながら神さまや龍神を呼び出すことができるようになります。

神さまや龍神と繋がっている時、諸毒の排毒浄化作用は最大に高まります。湯に浸かっている肌を通して湯水に諸毒がどんどんと溶け出していきます。

瞑想が深まって無我や空性の境地に至っていても大丈夫です。入浴瞑想に入る前に「私は生きる！」と宣言しておけば、溺れて死ぬことはありません。

温泉には、いろいろな種類があります。硫黄の香りがする湯、強酸性の湯、白濁した湯、ラドンの湯、炭酸の気泡が身体を包んでくれる湯……さまざまな湯がありますが、諸毒の排毒浄化に含有成分はそれほど関係はしません。湯の質よりも入浴の仕方の方が大切です。

(詳細は拙著「湯治医学」を参照)

温泉浴では、湯あたり症状がしばしば現れます。倦怠感、吐き気、嘔吐、食欲不振、腹痛、下痢、寒気などが数日～一週間ほど続きます。対処法は、しっかりと水分補給をすること、入浴を止めて休息を取ることです。ヒートショックを起こさない限り、湯あたりはこの2つでクリアできます。

　湯あたりよりも厄介なのは瞑眩反応です。温泉浴では諸毒がどんどんと排毒浄化されていくので、思いのほか様々な瞑眩反応が現れやすくなります。身心頭魂の浅いレベルに溜まっていた諸毒の排毒浄化から始まるので、温泉浴の瞑眩反応も最初のうちは何の毒の瞑眩反応なのかは自覚しやすいのですが、温泉浴を何回も繰り返していると、身心頭魂の深いレベルの諸毒も排毒浄化されてくるようになります。例えば子供時代の歯科治療時の麻酔薬の残存成分や予防接種の不純成分、学校時代の精神的トラウマが全身の蕁麻疹や関節痛、円形脱毛として現れてきたこともありました。

　温泉浴での瞑眩反応は、とても深い意味を持っていることがしばしばあります。それは症状が出た本人でさえ、まったく記憶していない過去の薬毒やトラウマが原因だった事も多いです。そんな時に、単に対症療法の薬剤で対処してしまうと、とんでもない反応を示してしまう危険性があります。最悪の場合、免疫系と自律神経系が病的過剰反応に陥ってしまい、生死をさまよう危険さえあります。

　そのような意味深な瞑眩反応の場合、その人の自然治癒力に委ねて放置しておくのが最適なことも多いのですが、自分軸がしっかりと確立できていないと放置療養はできません。

大丈夫だ、これは毒出しの瞑眩反応だと自覚できていれば、温泉浴を少し休みながら、心地良い場所で瞑想して、神さまや龍神の意見を聞いてみる、瞑眩反応が最悪な部位の声を聞いてみる、温泉の神さまにも尋ねてみる……ことで、サッと瞑眩反応が嘘のように消えてしまった方々もおられました。

入浴はリラックスが何よりの薬効です。頑張りすぎると交感神経系が過緊張したままで、諸毒の排毒浄化も期待しているような効果が現れてきません。

何よりも楽しむこと、笑うこと、幸せな気持ちでいること、そして感謝することが大切です。神さまや龍神たちを呼び出せるほどリラックスするのです。思い詰めて、イライラして、当たり散らしていると、すぐに魔物の餌食になってしまいます。

病気は、諸毒がさっさと命を奪い去っていくはずだった宿命を、何とか病気の段階で食い止めてくれているのだ、と自然医学では考えます。本当に大切なものに気づいて、要らないものを捨てるチャンスを病気が担ってくれています。

思い詰めたり、イライラしたり、当たり散らしてばかりいると、病気というチャンスを失ってしまいます。それは一見、病気が治ったように見えることも多々あります。しかし、それはもう神々からも自分自身の魂からも、残りの今生を見捨てられたも同然なのです。

それはただ生きているだけの人生です。病と死を恐れ続けるだけの人生です。本当の生きがいはもう見つかりません。我欲とエゴと煩悩を満たすだけの「生きがいモドキ」の中で一喜一憂するだけで、いずれ死を迎えます。魔物に取り憑かれていると、死後は魔界へ直行です。

いくら信心深くても、我欲とエゴと煩悩に色濃く染まったままでは、魔界でお地蔵さまと出会い救われるチャンスもなかなかありません。貧素な姿のお地蔵さまには目もくれずに、魔物が化けた煌《きら》びやかなお地蔵さまに駆け寄ってしまうからです。地獄の沙汰も金次第だと思い込んでいる間は、本物のお地蔵さまの姿は見えません。

「私は誰の心の中にもいます。龍神さまと同じように、誰にも一体の地蔵菩薩が宿っています。生まれる前、お母さんのお腹に新しい生命が宿った時に魂と一緒に宿ります。そして魂が去る時に、私も一緒に去ります。

小さな小さな地蔵ですが、ちゃんとあなたの中にも宿っていますよ。そして、あなたが六道に堕ちるのを何とか防ごうと日夜がんばっています。医学と同じで、やはり予防が何よりの治療であり救済ですからね。

私は免疫や自律神経と同じように、あなたの中の見えないところ、気づかれないところで働いています。だから、あなたが通りすがりのお地蔵さまに合掌してくれる時、免疫も自律神経も自然治癒力も最大になるのですよ。お地蔵さまに微笑んでくれるだけで、私は幸せな気持ちでいっぱいになって、あなたももっと幸せになって欲しくて、ついがんばってしまいます。

あなたが新たな香毒を吸い込んでしまいそうな時には、私は身代わりとなって、その香毒を吸い込みます。だから、もう香毒のことは心配しないで下さい。

すでに溜まってしまった香毒は、あなた自身で排毒浄化していただかないと、どうしようもありませんが、私に気づいてくれさえすれば、新たな香毒があなたを冒すことはありません。私に気づいて下さって、時々でよいですから、ハッ、ハッ、ハッと排毒浄化の呼吸をして下されば、私が吸い込んだ香毒も浄化されてしまいます。

私は地蔵菩薩ですからね。この世の香毒くらいではビクともしませんよ。気づいてくれなくても構いませんが、私に気づいて、時々話しかけて下さると、これからもしっかりとあなたを護っていけます」

4　薬毒

薬毒の排毒浄化は、他の諸毒とは違った難しさを伴います。それは薬剤の中止による元々の症状の発現です。

これは向精神薬では特に顕著に、そして執拗に現れます。不眠、イライラ、恐怖感、絶望感、深い喪失感、無気力、頭痛、吐き気、腹痛、しびれや痛み……そして幻覚妄想に断薬直後からしばしば襲われます。時には数年の間、断続的に症状が現れることもあります。

家族や親戚は薬を飲み続けることを強く願っています。精神科医に任せているうちは丸投げなので大人しくしていますが、一念発起！　減薬断薬し始めた患者さんが精神症状を再発した途端に、肉親も親戚も親友も、誰もが我利我利亡者と化して激しく攻撃してきます。

「あれはこの世の修羅場だよ」とお地蔵さまも俯いておられました。

せめて誰か一人でも阿修羅たちからの攻撃の盾となってくれる人がいてくれれば減薬断薬を続けていくこともできますが、すでにこの世は魔界です。魔人ばかりの世の中で、まだ慈愛を持っている人間に出会うのは、地獄でお地蔵さまに出会うよりも難しいかもしれません。

減薬断薬は、元の病状、服薬期間、現在の身心頭魂の状態などを総合的に診ながら進めなくてはいけません。ひとりひとりがそれぞれ異なった減薬断薬プランを必要としています。○○病だからAコース、○○薬だからBコース……そんな没個性なプランニングでは、決して断薬完了！　には至りません。

服薬している薬の種類と量によっては、いきなり断薬！　が命取りになる危険性もあります。しかし、いきなり断薬！　をそそのかすアドバイザーたちがSNSにウジャウジャといることも事実です。私はこうやって断薬できた、だからあなたもこうすれば大丈夫！なアドバイスだらけです。オレオレ詐欺と同じように、こんなモノに誰が引っかかるの？　と思いますが、次から次へと引っかかるのです。その病気は辛いよね、死にたくなるよね、私もそうだったから……と親切に共感されると、家族や親戚が敵ばかりで四面楚歌だった患者さんは、やっと私のことを分かってくれる人に出会えた！　になってしまいます。

神々とお話していても、確かに神々は慈愛と感謝と喜びに満ち溢れた愛そのものの存在なのですが、だからこそ、人間ひとりひとりの自由を最大限に尊重して下さっているのがとてもよく分かります。権威や超人的なパワーで人間を支配しようとしたり、神への逃避と依存で縛り上げて奴隷にしてしまおう、そのために甘言を弄《ろう》して取り込んでしまえ、などとはなさいません。ちょっとドライ過ぎない？　と思ってしまうくらいの距離を置いて、私たち人間を見守って下さっています。

「だから今、商売繁盛している神社仏閣のどこにも神々はおられないのです。皆さん、ご自分が祀られている本堂や本殿から逃げ出してしまわれました。時々、鄙《ひな》びた末社にコソッとお忍びで降りられているようですが、すぐに魔性の毒に咳き込みながら神界へ逃げ帰ってこられます。そして『もう帰りたくない、帰りたくない』と大泣きされます。

私は今の人間界を含めた六道を毎日歩き回っていますから、この世の神社仏閣を包み込む毒にも慣れてしまいましたが、そんな涙目の神々に、神社仏閣のはずれにある石仏地蔵を取りあえずの依り代としてお薦めすることも日課となってしまいました。

もし皆さんが有名な神社仏閣へいらっしゃることがあれば、参道や末社の石仏地蔵にも合掌して下さい。そこに本殿本堂に祀られている神仏がいらっしゃいますからね」とお地蔵さまは仰っていました。

神仏はいつも見守って下さっていますが、依存はいけません。医者や看護師、薬剤師への過度な依存もいけません。減薬断薬したければ、まず自分で勉強して、自分軸を強く太くしていかなければいけません。幸いにしてネット社会は知識の宝庫です。減薬断薬の書籍も簡単に入手できます。誰かの意見を聞いてみる、読んでみるのも勉強の一環ですから構いませんが、それを丸ごと鵜呑みにするのはNGです。

誰かの信者になってはいけません。なるのだったら自分自身の信者となりましょう。誰もが天上天下唯我独尊なのです。

天上天下唯我独尊だと胸を張った時、内なる仏陀さまとひとつになれています。

あり余る知識に溺れたり、埋もれたりしてもいけません。それでは単なる知識のハードディスクに過ぎません。そんな知識の保管庫は、パソコンに任せておけば良いのです。その知識をどのように使うのか、どれとどれを繋げて化学反応を起こさせ、ついにはビッグバンさせて智恵と成すのか、が人間として生かされている所以《ゆえん》です。

服用している薬を机の上にでも並べてみましょう。

最初に病医院に行った時の主症状は何でしたか？

その主症状の治療薬はどれでしょう？

その際、副作用（胃痛や便秘など）予防で「ついでに」出された薬はどれでしょうか？再診時に「何か他に症状はありませんか？」と問われて、そういえば……と答えた症状に出された薬はどれでしょうか？

頭痛や肩こりがする、手足や顔がしびれる、眠れない、悪夢を見る、足腰が冷える、食欲がわかない、味覚がおかしい……その度に出された薬はどれでしょうか？

こうやって今、服薬している薬たちを時系列的に分類してみます。すると、あぁもうこれは要らないかも……と気づく薬もあるでしょう。食毒、電磁波毒、香毒などの排毒浄化を進めていれば、そんな「どうでもよい薬」から減薬断薬してみましょう。もし症状がぶり返してくれば服薬を再開すれば良いだけです。

主症状の薬の減薬断薬は、城攻めの正面突破のようなもので絶大な効果はありますが、かなりのリスクもあります。自然医学の医師が主治医になっていれば正面突破も可能かもしれませんが、患者さんがひとりで減薬断薬に臨むのであれば、水攻めのようにジワジワと攻めていかなくてはいけません。

まずは「どうでもよい薬」から……そんなオママゴトでは減薬断薬などできない！　と仰る断薬の大家たちもおられますし、確かにその通りかもしれません。でも、意外と上手くいった患者さんたちも多いのです。特に向精神薬の減薬断薬を望まれている患者さんたちは、外出困難と貧困問題がつきまとっていることが多いので、遠方の断薬専門病院への定期的通院ができないこともよくあります。そうやって悶々としながら月日が流れてしまい、気がつけば服薬歴ウン十年……な方々が多いのが実情です。

「焦らないことが一番大切です。一進一退しても、最後には必ず減薬断薬できますから、私を信じて、私を念じて、私を薬に宿して飲んで下さい。外出できなくても、お金がなくても、私はずっとあなたと一緒に薬毒浄化に励みますからね」とお地蔵さまはとても力強く仰っています。

薬毒の排毒浄化には、食毒、電磁波毒、香毒の排毒浄化が必須です。薬毒だけを排毒浄化することはできません。

食毒が溜まっていると、胃腸と肝臓、腎臓、皮膚にも薬毒が溜まっています。電磁波毒が溜まっていると、脾臓、大網膜や腸間膜、血液免疫系にも薬毒が溜まっています。香毒が溜まっていると、脳と肺と神経系にも薬毒が溜まっています。排毒浄化は諸毒すべてをターゲットにすえて一気呵成に取りかからなくていけません。

諸毒の排毒浄化、特に薬毒と電磁波毒の排毒浄化に効果を発揮してくれるのが温浴であることは前述しました。家のお風呂でも構いませんので、ゆるゆると、できれば一日3回を目標にして湯に浸かりましょう。その際、薬毒の排毒浄化を強化している時には、しっかりと水分補給しなくてはいけません。入浴後に油膜が張っていたり湯が濁っていれば、排毒浄化の手応えバッチリ！　です。入浴後もネバネバの汗が出続けることがあるので、皮膚からの再吸収を防ぐ意味で汗をかけば着替えるようにしてください。

ブラブラと歩くのは排毒浄化の面でも大歓迎ですが、ジョギングやサウナで無理矢理に汗をかいても、その汗は諸毒の排毒浄化にはなりません。気分転換でやるのは結構ですが、これで毒出し！　に意識を向けない方が良いでしょう。

砂浴

薬毒と電磁波毒の排毒浄化の切り札的手法が砂浴です。

梅雨明けの頃から9月中旬頃までが砂浴シーズンです。砂を30センチメートルほど掘ってみて、冷たく感じなければ砂浴ができます。

砂浴の方法は、まず首から下がすべて入る大きさの穴を掘ります。身体を寝かせたイメージで腰部~胸部の凹凸に合わせて穴を整えます。この際、掘った砂は穴の近くで手の届きそうな所に山にしておくのがコツです。

砂浴は最短でも2時間以上、できれば6~8時間するのが理想的です。水分補給のためのストロー入りのボトル、日焼け予防のサングラスと汗ふきタオル、大きめのビーチパラソルが必需品です。砂浴は全裸に近いほど排毒浄化作用が高まりますので、男性はフンドシ一本、女性も綿のビキニがお薦めです。

胸の砂が10センチメートル以上の厚さになると、呼吸がしにくくなってきます。しかし胸からの排毒浄化を促すためには、この10センチメートルは譲れません。

砂浴していると瞑想にとても入りやすくなります。瞑想状態になると、呼吸は浅く少なくなってきます。例え一分間に数回の浅い呼吸になっても、生体機能は衰えるどころか、急速にリフレッシュされていきます。

砂浴は強力な排毒浄化術ですので瞑眩反応もしばしば現れます。蕁麻疹やアトピー様の発疹、水疱形成、皮膚のただれなどの皮膚症状が主ですが、しびれ、軽い筋力低下、平衡感覚のゆらぎ、食欲不振や下痢、嘔気、腹痛などを来すこともあります。

目がハッキリと見える、味覚や嗅覚が鋭くなる、意識がクリアになるなどの砂浴効果が直後から現れることもあります。それは夜間の不眠に、味覚の回復は過食に繋がることもあります。それが分かっていれば薬物に手を出すことはないでしょうが、もし強い睡眠薬や胃薬を取ってしまうと、強烈な瞑眩反応を起こしてしまう危険性があります。砂浴は簡単にできますが、排毒浄化作用がとても強い分だけ瞑眩反応も強く現れやすいことをしっかりと認識した上で行ってください。

特に薬毒の排毒浄化を主目的で砂浴をする場合は、2〜3時間の短めの砂浴を二〜三週間おきにやってみるのが良いでしょう。砂浴中に身体やこころが辛くなったり、居心地が悪く感じたり、叫び出しそうになったりしたら、すぐに砂浴を中止してください。そしてできるだけ早く温かいシャワーやお風呂で身体から染み出してきた諸毒を洗い流しながら、こころを温めてリフレッシュしてください。

薬毒汚染のひどい方々は、霊障病や魔病にも冒されていることが多々あります。砂浴は排毒浄化作用が強力であるがゆえに、霊障や魔物が急に暴れ出してしまう危険性もあります。アシスタントの方が多少なりとも霊障や魔物を感じ取る感性も持っていれば、その場で鎮めたり祓い除けたりすることもできますが、手に負えない時には、長時間ずっと抱きしめながら、ただひたすら神仏への救済を希《こいねが》い続けるしかありません。暴れたり、吐いたり、気を失ったり……まるで悪魔が憑依したかのようなおぞましい反応が続くこともありますが、アシスタントの方と患者さんの間の信頼と慈愛が試されていると覚悟して抱きしめ続けるしか方法はありません。

魔界と化してしまったこの世の霊能者や僧侶神職らの霊的能力は著しく悪化していることが多く、特にネットやSNSで容易に検索できる自薦他薦の甚だしい人たちは、どれも魔人の頭領格だと言えます。薬毒の排毒浄化の中で、このような悪魔憑きの如き発作を起こしてしまった方々は、総じてそのような魔人の施設に連れて行かれるか、精神病院へ強制入院させられるかの結末になってしまいます。精神病院なら再度向精神薬漬けになるだけですが、霊能者等の施設では強固な洗脳が施されてしまい、もう手の施しようがなくなってしまったこともありました。

「そんな悲惨な、ある意味、生きながら地獄界に堕ちてしまった方々の魂だけは何とか救済することができますが、この世に残った身心頭はどうしようもありません」とお地蔵さまも悲しげに俯きながらも次の秘策を授けて下さいました。（砂浴の詳細は拙著「湯治医学」をご覧下さい）

ツインソウルへの転生

「唯一の救済の手があるとすれば、救済した魂をいち早く輪廻転生させることです。転生の際、私たちが手を伸ばして、その魂をつかみ取り、その方の身心頭が残っているこの世を生きている『誰か』となるように転生させます。これは空性を介して行う転生ですから時間軸は関係ありません。

例えば2022年に40歳の『誰か』と出会うと決めれば、1982年にその『誰か』が生まれるように仕組みます。同じ魂を持っている二人ですからツインソウルです。一卵性双生児のように外見は瓜二つにはしませんが、心と魂は互いにとてもよく分かりあえます。

2022年になった時に、片方は魂の抜けた廃人のようになっていても、この時のために輪廻転生して来たもう片方の『誰か』は、もしかすると医師や僧侶になっているかもしれません。

そして偶然の出会いが続いて起こり、やがて廃人の身心頭に『誰か』と同じ魂を注入できれば、救済することができます。

これは地蔵菩薩である私たちだからこそ、できる救済法です。他の神々にお願いしても、早めに死をもたらしてしまえば良いでしょう、のスタンスなので、このような手間のかかることはなさいません。

そして実はこの救済法は、すでに大々的にこの魔界と化した世に仕組んであります。これから皆さんは、不思議な縁でツインソウルと出会います。同性のことも異性のこともあります。犬や猫や小鳥のようなペットのこともあります。皆さんそれぞれのこれからの使命によって、極めたいのが愛なのか、生きがいなのか、天職なのか……によって、最適な相手と出会うことになっています。その誰もがツインソウルです。

しかし、この世は魔界です。魔界もどんどん悪魔の手を打ってきています。食毒、電磁波毒、香毒、薬毒の増強もその一手です。育児、教育、就職、結婚、様々な保健医療や貧困対策を悪魔の手で強く握りしめているのも一手です。パンデミックとワクチン騒動も大きな一手でした。とても多くのツインソウルたちが消されてしまいましたが、まだ大丈夫です。世界中にツインソウルたちの魂の輝きが、夜空の星たちのように私たちには見えていますから。

この偉業は、空性の向こう、光明の境地におられる仏陀さまが、輪廻転生の扉の鍵を私たちに貸し与えて下さったおかげで成就しました。私たち地蔵菩薩がその鍵を使って、あなた方の輪廻転生の扉を開きました。その扉は、まだ空性の中にありますから、さすがの大魔王でも襲いかかってくることは叶わないでしょう。

しかし、あまり悠長なこともしていられません。この世を大宇宙や神界、空性と共に破壊消滅させてしまおうと悪魔が動き始めています。進化を望む神々も、それに加担しています。空性を泳ぐ龍神たちは、相変わらず何処吹く風で傍観のままです。

だから仏陀さまも私たちも、あなた方に期待しています。ツインソウルと出会って目覚めて下さい。何に目覚めても構いません。ただ目覚める。それが引き金となって、すぐに解脱が始まります。そして解脱の境地に至れば空性に入れます。そこでツインソウルはひとつに戻ります。

多くのツインソウルたちがひとつの魂に戻れば、空性の中に光明の境地への扉が現れます。

ひとつの魂たちが合一して本当のひとつに戻ると、光明の扉が開きます。

そして、あなたたちは光明の中で仏陀さまと抱きあいます。公園で遊んでいた幼子たちが母に駆け寄るように……。やがて仏陀さまとひとつになったあなたの目に、この世が見えてくるでしょう。宇宙も神界も龍神たちも見えてくるでしょう。この偉業は何だったのか？　も分かるでしょう。

仏陀さまの微笑みがそのすべてです。仏陀さまが微笑んでおられる限り、すべては大丈夫なのです。だから私たちも今、こうやってあなた方とお話できているのですよ」

お地蔵さまは微笑みを浮かべながら、もう一言付け加えられました。

「薬毒の排毒浄化を始めたら、まず朝日を拝んで下さい。その日、一日を生きる力を授かるのです。辛い一日だったのなら夕日も拝んで下さい。癒やしの力に包まれますよ。そしてどんな真言でも、どの神さまの真言でも構いませんから、数分でもその真言を一途に唱えて下さい。雨の日なら部屋の中でも構いません。真言が分からなければ私の真言を唱えて下さい。

オン　カカカ　ビサンマエイ　ソワカ　です。

カカカは私の笑い声です。唱えて下さっていると、あなたも笑いたくなってきますよ。だから一緒に笑いましょう。

神々はいつも笑っておられます。だからあなたが苦しい時、悲しい時、落ち込んだ時に笑っても罰など一切当たりませんよ。

私はあなたの笑顔の中に、笑い声の中に宿っています。笑えば私の救済の力も千倍万倍になるのです」

5　愛の毒

愛は薬にもなれば、毒にもなります。

そもそも愛とは何でしょうか？

自己中心的な愛はエロースと呼ばれています。何かを情熱的に欲する想いが、日々の行動や言動、気持ちや思考、生き方や生きがいにも溢れ出ています。我利の視点でエロースに取り憑かれた人を見ると理解しやすいでしょう。

無償の愛はアガペーです。エロースとは対照的に、相手に与える利他の立場で日々を生きている人で、現人神さまのように見えることもあります。喜びや幸せを与えるだけでなく、時には苦しみや悲しみを与えてしまうこともあります。

友愛はフィリアです。家族や親友、ペットとの間にゆるやかに成立している愛がフィリアです。

愛は古から哲学的にも、宗教学的にも、心理学的にも、最も大きな思索対象でしたので、先の3つの他にも、ルダス：遊びやじゃれあうような好意に近い愛、プラグマ：愛を維持することに重きを置いた愛、フィラウティア：自己愛、ストルゲー：家族愛、マニア：偏執的な愛、などの分類もあります。

先の3つの愛、エロース・アガペー・フィリアは、互いの我欲とエゴと煩悩の揺らぎに反応して行き来しやすいので、哲学的にも「愛とは何か？」は諸説紛糾したまま今に至っています。

仏教では、愛を煩悩のひとつだと考え、八苦の中に愛別離苦として加えています。仏教の愛は左記の5つに分類します。

①　自己・血族・親族に対する愛
②　他者に対する親愛
③　特定の個人に対する欲愛
④　性的な欲愛
⑤　病的・盲目的な執着の渇愛

仏教には慈悲と慈愛という純粋無垢な愛の神域があるので、人間的な愛をすべて煩悩と書かれたゴミ箱に投げ捨ててしまったわけです。仏教界という巨大なヒエラルキーを形作り、優劣貴賤で僧侶も在家もがんじがらめにしてしまう呪縛に、この「愛は煩悩の苦しみ」が大いに役立ってきました。

どの宗教の教祖さまも、愛については、その純粋性を説かれました。それは五次元宇宙の愛であり、六次元神界の愛でもありました。

しかし、その教えを宗教として確立していった僧侶や信徒たちは、人間の持つ我欲とエゴと煩悩の凶悪凶暴さに手を焼きました。そして様々な形で愛から自由を奪い取り、地獄や魔界に押し込めてしまいました。

愛は毒でもあることを医者は知っています。しかし愛を消し去ることは誰にもできません。ですから迷宮入りしてしまうことを承知の上で、医学は愛を哲学や心理学に丸投げしてきました。

コロナ騒動を経て、この世の宗教界も医学界も、如何に腐敗弱体化してしまっていたのかが浮き彫りにされました。もう愛を信仰にも医術にも委ねることはできなくなりました。しかしそれはイコール、あなた自身で愛に向きあいなさい、というメッセージでもあります。

お地蔵さまは、あなた自身の今の愛に向きあって、あなた自身の口で愛を語って欲しい、と仰っています。どの宗教、どんな哲学や心理学の諸説でも構いません。左記に私に天から降ってきた「愛とは？」を書き記しますので、これを読みながら、あなた自身の「愛とは？」を描き取ってみてください。

愛とは？

愛は融合だ。

私とあなたが「私たち」という新たな人格になることだ。ふたりの間の壁を取り除いて、喜びも悲しみもすべてを共有するのだ。

似たもの夫婦やオシドリ夫婦になるのも良し。

だが互いの主体性を失い、自分の行動を自分自身で決められなくなってしまってはいけない。

相手をひとりの人間として見なくなってはいけない。

自分の生き方、思考、願望を相手にそのまま押しつけてしまえば、我欲とエゴと煩悩のルツボに陥ってしまう。

これは宗教やスピリチュアルの世界に多い愛の関係性だ。

愛は関心だ。

愛は感情であり、認知的なものではない。愛は個人の意思に基づくものだ。

あなたのためだから……の殺し文句が頻回に飛び交う愛だ。

母子間によく見かけられる愛だ。

支配と従属でがんじがらめの愛だ。

介護や看護の世界で目立つ愛の関係性だ。


愛は評価だ。

互いに価値を与えたり発見したりしながら、新たな評価を創造していく過程が愛だ。

愛を価値や評価で認識し納得してしまう。

相手の人格的・内面的な価値を評価しないまま、ついスタイルや若さ、財産や家柄、仕事、交友関係などの外面的な評価に溺れがちだ。

我欲とエゴと煩悩が最も生き生きとできる愛の関係性だ。


愛は体験だ。

愛は相手に対する心身の体験であり、様々な感情そのものが愛だ。愛の相手といると体温が上がり、胸が高鳴り、瞳孔が開く。もっと構って欲しくなり嫉妬心や猜疑心も芽生える。そんな感情こそが愛なのだ。

レイプを和姦だと言う見当違いも甚だしい愛を罷り通そうとする輩もここに隠れている。

愛とは？　神々も、まだその答えをつかんでおられないようです。

愛は生きもの

古代から「愛とは？」は哲学の一大テーマであり続けてきました。それだけ様々な愛の形があるのでしょう。

あなたの愛は、自己中な愛《エロース》、無償《アガペー》の愛、友愛《フィリア》のどれですか？　と尋ねられても、１００パーセント胸を張って、コレです！　と言い切れないあたりが人間らしさです。そのブレが魂を揺らがす時、魂の輝きは怪しくも儚く燃え上がります。その深紅に揺らぐ炎は、古の浜辺に勇ましく立ち並ぶ舳先の尖りし軍船の胴板に、愛に揺蕩《たゆた》う英雄の影を静かに映し出していました。

そうです！　愛は生きものです。だから揺らぐのです。

神々にも宿り、私たち人間にも宿り、動物たちにも宿る生命体です。草木にも石にも、空にも夜空の月にも、お日さまにも海にも宿っています。目には見えず、耳にも聞こえず、触ることも捕まえることもできませんが、確かに、いつもどこかで息づいています。私たちの中に宿っていても姿形はつかめません。これが私の愛です、とつかみ取って他人に見せることもできません。

しかし愛が自分の中に宿っている時、その愛を感じ取ることはできます。その愛の声も聞こえてきます。その愛に口を奪われて、つい思いの丈を喋ってしまうこともあります。

愛はいつ、私たちに宿ったのでしょうか？

お母さんのお腹に生命が宿った時、愛の生命体も一緒に宿っていました。そしてすでにお母さんの愛を独り占めしていました。それは「私だけ」のエゴの始まりでもありました。もし母親に蔑《ないがし》ろにされていれば、「もっともっと」の我欲も始まりました。

生まれてきて兄や姉がいれば、我欲とエゴと煩悩はすぐに兄姉との戦闘モードに入ります。そして臨機応変の悪知恵を身につけていきます。一緒に宿った愛の生命体も同じ智恵をまといます。ここは我慢する、ここは譲っておく、ここは良い子なフリをする……無償の愛、友愛が形ばかりですが芽生えます。弟や妹が生まれれば、更にこの悪知恵は巧みとなり、愛の生命体がまとっている智恵の衣も重くなっていきます。

父母や兄弟姉妹が初めて出会った異性ですが、まだ身体的にはただの他人に過ぎず、我欲とエゴと煩悩の攻撃対象でしかありません。

この胎児〜幼少期に家族から言葉や手の暴力を受けると、そのトラウマは心身頭だけでなく、宿っている愛の生命体にもしっかりと刻まれてしまいます。まとっていた悪知恵の衣が鋼の鎧と化したり、敵を倒す刃《やいば》や弓矢に変容していきます。

我欲とエゴと煩悩は、世界で最高に幸せなお姫様や王子様であっても、満たされ尽くして昇華してしまうことはありません。

それに気づけたのは仏陀さまだけでしたが、天上天下唯我独尊と吐息を吐かれるほど、我欲とエゴと煩悩を昇華してしまうのは難しいことだったのです。

愛の生命体も然り。まとっているすべての衣を脱ぎ捨てて、人間に宿る直前の素っ裸な愛に戻れば、自己中な愛も無償の愛も友愛も同時に、互いに干渉しながらも決して浸食しあわない唯一無二の純粋性を帯びた純愛＝愛の生命体の本性を人間界にもたらすことができるはずでした。

愛の生命体の本性の前では、愛の融合も、関心も、評価も、体験も、群盲象を評すに過ぎません。自己中な愛も、無償の愛も、友愛も、愛の本性のイビキのようなものです。音ではなく、見ている夢が愛の本質なのです。

「もっともっと」の我欲も、「私だけ」のエゴも、「したい」の煩悩も、愛の生命体が人間に宿った理由です。神々や宇宙人では物足りなかったのです。あるいは神々や森羅万象では、愛の本性に戻ることができなかったのです。

神々は人間を愛の生命体の乗り物として創造されました。愛の生命体から「あなたたち神々に宿っても、私は愛の本性に戻ることは叶いませんでした」と言われて、ちょっと気乗りしないままに創られたのかもしれません。半神でもダメ出しされてしまいました。

「もっと愛に毒を注いで！」と催促もされてしまいました。

神々は内心、戸惑っていました。神の中の奥深いところに隠していた「悪い力」が息を吹き返すのではないかと危惧したのです。

神々が放つ光は、遍くこの世と人間たちを照らしています。その人間たちが愛の毒に溺れ、この世が愛の毒に染まってしまうと、その愛の毒の照り返しを浴びてしまった神々が隠し持っていた内なる我欲とエゴと煩悩が一気に燃え上がるかもしれないことを、神々は本能的に知っていたからです。

しかし、神々は光と共に溢れ出してくる純粋な我欲には逆らえませんでした。人間たちを介して、もっと楽しんでみたかった、もっと笑ってみたかった、もっと愛しあってみたかったのです。そして人間たちにも、人間界にも、どんどん愛の毒を注ぎ込んでいきました。そこはもう酒池肉林どころか何でもアリの人間界になってしまいました。臨界点を超えた核反応のように止まることなく、愛の毒が次々と姿形を変容しながら増殖し続ける「悪い力」の世界になってしまいました。

さすがに神々も、これは危ない、このままでは宇宙も神界も壊れてしまう、と焦り始めましたが、もう打つ手はありません。どうしたものか……と思案しながらも、神界の美しい花々が咲き誇っている庭で、今日も妖精たちと水やりをしながら笑い楽しんでおられます。

神々も、愛の生命体が愛の本性に戻ろうとするのに便乗して、空の本性から光明へと上がりたい気持ちがあるにはあるのですが、如何せん、光の神さまと同時に誕生した闇の神さまと一緒でなければ、空の本性までは行けても、その先の光明へと飛び込むことは叶わないのでした。

「何だか大変なことになってきましたが仕方ありませんね」と光の神々は、楽しそうに遊んでいる妖精たちに話しかけておられます。

闇の神さまは、闇の神界で独り究極の静寂を楽しんでおられます。光の神界のような我欲とエゴのざわめきは、闇の神界にはありません。孤独も、寂しさも、悲しみもありません。

そこは空性に最も近い神界でした。闇の神界にないものと言えば、無の世界と龍神たちのねぐらくらいでしょうか。闇の神さまは神殿も、花々が咲き誇る神庭も持っておられません。そこは魔界でも地獄でもありません。魔物や魔王は手を出すどころか、垣間見ることさえできません。

「仏陀さまは、初めに光の神々に一緒に光明に至りましょうと声をかけられましたが、神々は、まだその時ではありません、と仰いました。

仏陀さまは、次に私のこの闇の神界へと入られて、同じ誘いをして下さいました。私は、良いですよ、行きましょう、と答えました。

そして仏陀さまがここで禅の境地を極められると、この闇の神界は空の世界と同化して、私たちの前に光明への扉が現れました。その時、私は闇の神であり、仏陀さまは愛の生命体が宿った人間の魂そのものでした。

仏陀さまは、ここですべてを脱ぎ捨てられました。人間の魂も脱ぎ捨てられて魂の本性になられました。それは愛の生命体とひとつに溶けあった本性そのものでした。

私が光明の扉を開いてさしあげると、お先に、と微笑まれて光明に飛び込まれました。

そして光明の中から、どうぞ、とお招きをいただいたので、私も飛び込もうとしましたが、誰かが私の足にしがみついていました。それは光の神々に放たれた妖精たちでした。

妖精は、この闇の神界では生きられません。すぐに息ができなくなって、光の粒と化して消えてしまいます。なんと無慈悲なことを……と思ってしまった刹那にバタンと光明の扉は閉じてしまいました。

また直ぐにお目にかかれますよ、と扉の向こうから仏陀さまの声が聞こえてきましたので、楽しみにしております、とお答えすると、扉は闇の光の中に消えてしまいました。

そうだ、妖精たちを救わねば……と後ろを振り向くと、もう妖精たちの姿はなく、そこにはお地蔵さまたちが手を繋いで立っておられました。妖精たちが光明の光を浴びて、お地蔵さまへと変容されたのでした。

もう神界へは戻りません。このまま六道をくまなく巡り歩きながら衆生救済に勤《いそ》しみます。そして次にあの光明の扉が開いた時こそ、救済した衆生と共に私たちも光明へ飛び込み、この生を完遂いたします、と微笑みながら、お地蔵さまは闇の底へと消えていかれました」

だからお地蔵さまは、子供たちが大好きなのです。

諸毒に冒されたままでは魔界から救済することはとても難しいのですが、最近の子供たちは異様なまでに諸毒に冒されて魔界を彷徨っている、とお地蔵さまも嘆いておられました。

お地蔵さまに触れて楽しくおしゃべりをしていると、どんな諸毒でも排毒浄化されます。ですから、お地蔵さまは魔界に堕ちた子供たちを見つけると、ゆっくりと遊びながら諸毒が排毒浄化されるのを待っておられるのです。

お地蔵さまに抱きしめられると、子供たちは神界の夢を見ます。それは柔らかく温かい光がキラキラと降り注ぐ神庭で、神々と咲き誇る花々を愛でる夢です。そんな妖精だった頃の夢が、諸毒が排毒浄化されて無垢となった子供たちの魂を優しく包み込みます。

やがてお地蔵さまに魔界から救済されると、子供たちの魂は何の躊躇もなく、まっすぐに神界目がけて上がっていきます。六道の最下部から最上部へと駆け上がるのです。

そして妖精に生まれ変わります。病や事故で死んだ子供たちも、貧困や飢餓や不幸で死んだ子供たちも、愛されて死んでも、孤独なまま死んでも、今ならみんな神界の妖精に生まれ変われます。

夜明けになると、お地蔵さまたちが魔界から帰ってこられます。どのお地蔵さまも全身傷だらけ、泥だらけです。一晩中魔界で衆生救済し続ける困難さが一目で分かるお姿です。でも、お地蔵さまたちは笑っておられます。満面の笑みです。一点の曇りもない晴れ渡った青空がお地蔵さまたちの心に広がっています。

すぐにその青空の向こうから妖精たちが降りてきて、お地蔵さまたちの汚れを拭き取り、傷を癒やし始めます。

お地蔵さまたちの感謝と喜びが朝日と共にこの世を照らしていくと、この世の森羅万象に宿る愛の生命体も大きく深呼吸して、その感謝と喜びの廻向を吸い込みます。

そして愛の生命体は、元気に、楽しく踊り始めます。

この森羅万象を魔界から護り抜いている愛の生命体が、子供のように愉快に楽しく踊っているかぎり、この世は安泰なのですよ、と闇の神さまも微笑んでおられました。

闇の神さまにも、光の神々にも、まだ我欲とエゴと煩悩は残っています。光の神々は「もっともっと」の我欲を、闇の神さまは「私だけ」のエゴを持っています。「もっともっと」の我欲があるからこそ、光の神界は美しく清らかで眩しい光を神界だけでなく、遍く宇宙にも、人間界にも放ち続けることができています。「私だけ」のエゴがあるからこそ、闇の神界でただ独り静寂を楽しむことができるのです。

その我欲とエゴと煩悩は、すべての神々の中に宿る愛の生命体と見事なまでにシンクロして光を放っています。光の世界の眩しく美しい光も、闇の世界の静寂で水墨画の如き光も、愛の生命体が放つ光です。それは純粋無垢な我欲の光であり、エゴの光、煩悩の光なのです。

光の神々も闇の神さまも、その愛は自己中の愛であり、無償の愛であり、友愛でもあります。光の神々は自己中の愛が、闇の神さまは友愛がちょっと強く現れているようにも感じられますが、どの神々にも無償の愛が溢れ出しているので、そんな些細な自己中の愛も友愛も表には現れてはきません。

神々は、今でも自己中の愛を楽しみたいと思っておられます。もう人間の男女の自己中の愛など楽しみ尽くしてきたはずなのですが、内に宿る愛の生命体が自己中の愛の成就と共に放つ麻薬の如き愛の甘露が神々を惑わせて、人間の男女に憑依しては愛を具現化させてしまいます。それは性の営みだけではありません。男女の諍《いさか》いと融和も、支配と従属も、若さと老いも、男女の間に生じるあらゆる事象から愛を絞り取って味わわれます。

神々の憑依は人それぞれです。日常に何度も起こる人もいれば、一生に一度の人もいます。

神々の自己中の愛は強力です。神々にとってはちょっとした遊び心のような自己中の愛でも、人間にとっては愛の猛毒となって意識喪失してしまうことが多々あります。一目惚れさせられたり、我を忘れてすべてを貢いでしまったり、時には天職や天命を投げ捨てて心中してしまうこともあります。

そして抱いていた自己中の愛を満足させることができれば、神々は憑依を解いて神界に戻ってしまわれます。恋愛の賞味期限は3年だと人間界では言われていますが、これは自己中の愛が強い神さまに憑依されると、恋愛ホルモンがホルモン分泌系と自律神経系に強く作用して、ドーパミンやアドレナリンが大量に分泌されるためでした。人間界の3年など神々にとっては一時に過ぎません。

自己中の愛が強い神さまの憑依が解かれた男女には、もはやあの高揚感や愛おしさ、尽くし尽くされる喜びはありません。あばたもえくぼが坊主憎けりゃ袈裟まで憎いとなってしまいます。

しかし神々は自己中の愛だけではありません。無償の愛と友愛を味わいたい神々が、この虚無に陥りかけた男女に憑依してきます。自己中の愛の絞りかすのようになった男女だからこそ、互いの我欲とエゴと煩悩を分かちあいながら浄化し続けていけば、無償の愛や友愛を得られることを知っておられるからです。

自分の愛が我利の愛だったことに気づくためには、二人を自利利他で包み込むことが必要です。我利の愛同士では、互いに我利我利亡者と化して魔界に堕ちるしかありません。

皆さんの中に潜んでいる父性と母性を覗き見てみましょう。あれほど大嫌いだった父親、あれほど面倒くさかった母親の面影がどこかに揺らいでいませんか?

もしあなたが父親や母親を、あなたの子供やペットの犬猫のように可愛がり愛せないのであるならば、父親の怒りクセや支配クセ、母親の泣きクセや依存クセや陰口のクセ……それらの父母のクセを否定するなり隠してしまうなりしながらも、あなたの内のどこかに、必ず父母のクセが息づいています。

それは自分では見えません。見ようともしてこなかったし、見たくもなかったクセだったからですが、自己中の愛の神が消えて、無償の愛や友愛の神が憑依した愛のパートナーには、あなたの中に、あなたの父や母の姿が見えてきます。例え死んでしまっていても、会ったことがなくても、あなたの父と母があなたの中に残したクセを通じて、こんな両親だったのだな、と分かってきます。

だからこそ、そんな両親が息づいているあなたを今まで以上により深く理解できるようになります。内に宿っている両親は亡霊のようなものですから、あなたに不満や怒りをぶつけても仕方ないことは分かっています。解決策は、あるがままを認め許すこと、そしてそんな両親のクセを持ったあなたにも、両親にも感謝するしかありません。

男性は、自分の中に息づいている父親のクセに気づけないものです。父親の仕事を継いだり、同じ職種に就いたりしていれば、「お父さんとソックリだね」と誰かに言われて気づくことがあるくらいでしょう。男性の多くは自分の父親が嫌いですから、そう言われるとムカッ！　としますが、時間が経つに連れて、なるほどなと思うようになります。父性磨きの始まりです。

子供の頃は、嫌だな、ダサいな、と思っていた父親のクセが、自分が大人になってくるに従って、なるほどな、そんな気持ちだったのかと理解できるようにもなってきます。

もしそれが良いクセなら、そのまま自分のクセにしてしまえば良いのです。そのクセが出てきた時には、父親を思い出して、ちょっと微笑んであげれば、もうそれだけで十分な父親への許しと感謝になります。

もしそれが嫌なクセならば、自分はあの嫌な父と同じクセを持っているから気を付けよう、と胸に父の顔が浮かぶワッペンを貼っておけば、その嫌なクセが出てしまう前に引っ込めることができるようになります。

ひとつ嫌なクセが出るのを防げたら、それは父親への大きな功徳になります。例えすでに地獄界へ堕ちてしまっていても、受け継いでしまった悪いクセが現れる前に、気づいて捨て去ってしまうことを続けていれば、お地蔵さまが必ず地獄界から父親を救い出して下さいます。

これは母親や祖父母や兄弟姉妹であっても同じです。血縁のある家族だからこそ様々なクセを受け継いでしまっていますが、良いクセに気づいたら、いただきますと合掌しましょう。

悪いクセなら、自分も同じクセをしないようにワッペンにして胸に張っておきましょう。

それだけで、あなたの波動は高まっていきます。あなたにそのクセを与えた家族も、その魂レベルでお地蔵さまに救済されます。

男性は勉強やスポーツに励むことで父親を乗り越えることができます。仕事と収入、学歴と名声、ブランド品や交友関係などで父親を圧倒することもできます。

女性の場合、放っておいても若さが母親を圧倒してくれます。これぱかりは、どんなに素晴らしい母親でも、娘の若さの前に平伏すしかありません。若さで圧倒してしまった後ですから、もう母親は敵ではありません。老いていくしかない母親に情けをかけることができるようになってきます。母性磨きの始まりです。

母親の嫌なクセも歳のせいにして、笑ってスルーできるようになってきます。良いクセは、あたかも自分がお稽古と勉強で身につけたかのようにシラッと振る舞いながら自分のモノにしてしまいます。

時には自分も母親と同じように加齢の道を進んでいくことに気づいて、母親を反面教師のようにとらえて反発しながらも、持ちつ持たれつの相互依存関係の仲良し母娘となることもあります。

男性の中に母親のクセが息づいていることもよく見かけます。年頃になると、母親とよく似た女性か全く正反対の女性に恋します。もし姉や妹がいれば、母親と姉妹の女性性が入り乱れながら男性の煩悩を刺激することもあるので、母親似でも真逆でもない女性に恋することもあります。

母親が息子を支配したり依存したりし続けていると、同じ支配性や依存性を帯びた女性に恋い焦がれやすくなります。

母親が父親への当てつけのように息子を猫かわいがりしたり、逆に虐待したりしていれば、息子は父親とよく似た性格と思考を持った大人になってしまいます。

父親の浮気クセが酷くて、母親が愛情の依り代を息子にすべて負わせてしまっていると、息子はひとりの女性に愛されることが息苦しく感じて、独身時代はプレイボーイを演じたり、家庭を持ってからも風俗遊びに現《うつつ》を抜かすような浮気クセを発病してしまいます。

逆に浮気クセや愛人がいる母親を見てきた息子は、女性への恐怖や憎悪や復讐心を抱きやすくなります。女性を全否定したり、暴力や金やモノで強引に支配しようとしたり、妻や娘を執拗に監視したりしてしまいます。

母親にとっての自分は家族を保つためだけの接着剤に過ぎない、便利屋に過ぎないと思ってしまうと、時には愛など無縁、愛など踏みにじってしまえ！　そんな極悪非道な心の持ち主になってしまうこともあります。

男性が抱いてしまった無価値感や虚無感は、女性の愛でしか癒やせませんが、そのような聖母の如き女性と出会うのは至難の業でしょう。多くの場合、苦界をさまよう女性と共依存関係に陥ってしまうことは、近松門左衛門の諸作が大衆に大いに受け入れられたことからも明らかです。

最近の男性の幼児化は甚だしいものがあります。幼児期に母親に甘えられなかったからだ、学生時代も社会に出てからも女性優位に甘んじることを強いられた結果だとも言われていますが、母親が息子を去勢したペットにしてしまった結果だとも考えられています。そして同時にキレやすいことも指摘されています。幼児のように、すぐに泣きわめいたり暴れたりする男性たちですが、その原因のすべてを母親に負わせてしまうのは酷ですし、昔のように祖父母が息子の面倒を見ながら、生き方を教えてくれることがなくなったのも大きな原因だと言われています。

女性が自分の内に息づいている父親のクセに気づくと大ショックを受けます。だから何としても気づかないように、無意識に目をつぶってしまっています。

父親が大嫌いな女性は自分に素直です。父親が大好き！　だという女性は、潜在意識の奥深くに嫌悪感を隠し持っていることがあり、得てしてそんな女性たちは、とても評判のよい良い子ちゃんばかりです。

若い頃は無意識の奥に押し込めることができていても、父親と同年齢近くになってきたり、病気で長患《ながわずら》いしたり、失業や離婚でドン底に落ちたりすると、その父親のクセが表に出てきます。でも自分では気づけません。日々を生きるのが精一杯だからです。

しかし表に出てきた父親のクセも、父親が精一杯に頑張っていた時のクセのコピーです。マイナス思考の奈落に落ちたり、悪態をついて伴侶に見捨てられそうになったり、時には警察沙汰になることもあるので、その言動ひとつひとつに囚われていると見えてはきませんが、ちょっと大人の落ち着いた目で、できれば神の目で全体的に眺めてみると、父親のクセに囚われている姿が見えてきます。父親に憑依されているように見えることすらあります。

悪霊に取り憑かれた、父親の生き霊に取り憑かれたと言って受診された方々を診ると、この父親のクセが表に現れたタイプの方がとても多くおられました。このような方は、霊障治療で悪霊や生き霊を祓い除けても、一時的には症状は改善しますが、何となく内なる自分の中に霊障体や生き霊がくすぶり続けているような感じが残ってしまいます。

これを根治する方法はただひとつ。父親のすべてをあるがままに認めて許してしまうことです。別に父親に直接会って握手したりハグしたりして和解しなさい、ではありません。会う必要はありません。ただ自分の内に入って、姿勢を正して前を向いて、「もう良いです。許します」と念じるだけです。最後に「ありがとうございました」と感謝の言葉を添えられれば最高ですが、嘘はいけませんので無理は禁物です。

そして自分の中にずっと抱いていた父親への嫌悪感などを丸めてゴミ玉に変容してしまってから、そのゴミ玉を胸から大地へと捨て去ります。

「この嫌悪感を捨て去れ、捨て去れ！」

「この恐怖感を捨て去れ、捨て去れ！」

「捨て去れ、捨て去れ！」と叫びながらゲンコツを握った両手を胸から大地へ向かって何度も振り下ろして捨て去ります。いつでも、何度でも構いません。とにかく捨て去るのです。

霊障も生き霊も、結局は自分が捨て去るしか根治の道はありません。捨て去ってしまえば、もう父親の嫌なクセも消えてしまいます。

それでもまだ、そのクセが残っているようなら、それは実はあなたも父親のことが好きだったという証です。

クンダリーニ

人間には我欲とエゴと煩悩があります。

我欲は「もっともっと」と我利を焚きつけます。エゴは「私だけ」と利他を慈悲で煌びやかに装い隠します。そして煩悩は、愛をそんな我利と利他に投げ込んでは大笑いしています。

我欲とエゴと煩悩に焼かれた愛は毒と化します。食欲も物欲も、名誉や名声の欲も、支配と権力の欲も、愛の毒を浴びると最悪な猛毒になります。

確かに我利は文明社会の発展に大きく寄与する原動力でした。もっと豊かに、もっと楽に、もっと便利に、もっと……その恩恵は、すでにあなたのキャパシティーをオーバーしていませんか？

その恩恵が排泄する食毒、電磁波毒、香毒、薬毒、そして天地自然への様々な毒汚染に、あなたの身心頭魂は悲鳴を上げていませんか？

もっと美女美男に、もっとナイスタイルに、もっと知的にカッコよく、もっと……と焦っているうちに、自分が本当になりたい大人の姿、本当に一緒に人生を歩みたい伴侶の姿を完全に見失ってしまってはいませんか？

愛だって同じです。いつの間にか求め続けていた愛が、○○産の霜降り肉や△△産のトリュフと同じベクトル上を蠢いていませんか？　獣のような性愛を私は嫌な顔ひとつせずに受け入れているから、私の愛は無償の愛だ、利他の愛だ、でしょうか？

私たちはスローセックスに徹しているから、私たちの愛は無償の愛だ、もうこれは神の愛だ、でしょうか？

もう私たちは性愛は卒業しました。キスしたりハグしたりはしますが性交はもうしません。だから私たちの愛は友愛です……か？

日本人の熟年男女（最近では20代、30代の中でも？）の中には、そんな綺麗事で己の愛欲・性欲に重いフタをしている方々もたくさんいます。脳外科の手術直後には、そんな重いフタが一時的に開いてしまうことがありますが、大和撫子の如きセレブが術後の数日間、性欲の権化と化して淫乱極まる言葉を叫び続けたり、○○流大師匠が術後の数日間だけ、傷の痛みも忘れて何度も看護師たちに襲いかかろうとした事例も見てきました。そんな獣《けだもの》に豹変した方々も退院する頃には、ちゃんと元のセレブや大師匠に戻ってしまいます。もちろん魔獣に豹変していた時の記憶は全くありません。

我欲とエゴと煩悩を閉じ込めている重いフタは、この世で上手に生きていく上で絶対に必要なフタなのです。そして自分が携えている本当の愛も、求めている本当の愛も、その重いフタで一緒にどこかに閉じ込めてしまったまま死を迎えてしまいます。

そんな重いフタをはずさなければ、本当の愛を身心頭魂に巡らせることはできない、覚醒することもできない、そのためには……と気づいた人たちが遅かれ早かれ出会う術のひとつにクンダリーニ覚醒術があります。

クンダリーニとは、人間の休内に存在する根源的な生命エネルギーであり、宇宙の根源的なエネルギー（プラーナ）であり、性的エネルギーでもあります。

このクンダリーニは、普段は尾てい骨の辺りの第一チャクラ（ムーラーダーラ）で、とぐろを巻いて眠っています。それを何とか覚醒させようとする術がクンダリーニ覚醒術です。ヨガや呼吸法、周天法など様々なクンダリーニ覚醒術がありますが、男性よりも女性が、年配よりも若者の方がクンダリーニ覚醒しやすいとも言われています。

注意しなければならないのは、クンダリーニ症候群に陥ってしまうことです。これは中途半端にクンダリーニが覚醒したり、ナーディと呼ばれるエネルギーの回路をうまく通らなかったり、グランティと呼ばれる結節をちゃんと浄化疎通しなかったりしたままクンダリーニが覚醒してしまうことで生じる症状です。ムズムズ足症候群、自律神経失調症、至福恍惚感中毒、高血圧症状、偏頭痛、慢性疲労、性欲の昂進や減退、幻覚妄想などの統合失調症症状、憂鬱感などが現れます。

このクンダリーニ症候群に陥ってしまうのは、何としても覚醒したい、宇宙や神とひとつになりたい、ツインソウルと出会いたい、魔術や錬金術を手に入れたい……などのスピリチュアル系の我欲に満ちあふれた方々がとても多いです。愛を蔑《ないがし》ろにしていませんか？　愛を単なる手段だと思ってませんか？　と問いたくなる方々ばかりです。

我欲とエゴと煩悩が神々のレベルにまでとは言いませんが、せめて魔獣ではなく人間レベルにまでそれらを浄化していないとクンダリーニ覚醒は見込めません。

ヤブユム

インド、ブータン、ネパール、チベットには、ヤブユムと呼ばれる男女両尊像が多くの寺院や家庭に祀られています。

男性尊格と伴侶が性的に結合したシンボル像で、空性の智恵と慈悲の方便が一致した仏

陀さまの境地である大楽を表現しています。

智恵は女性原理である自利で、慈悲は男性原理である利他であるとされています。正《まさ》しく自利と利他の和合こそが大楽であり、仏陀さまの悟りの境地なのです。

このヤブユムの成就法は観想で行われます。肉体を持った男女の性交をタントラ・ヨーガだとしていた新興宗教もありましたし、尼僧や女性信者を犯す口実にしていた僧侶たちもいました。今では性ヨーガを仏教信仰を退廃させるものだと禁じていたり、上級修行の成就者だけが性ヨーガの真髄を伝授される宗派も多くなりましたが、なぜか僧侶の性犯罪がなくならないことにダライ・ラマ14世も嘆いておられます。

ユトク・ニンティクの前行の究竟次第《ゾクリム》にはカルマムードラと呼ばれる性ヨーガが今でも伝承されています。その原理と方法を詳細に述べた良書もあります。

本来のヤブユムは男女の観想で行います。それはアイスダンスで男女のスケーターが紡ぎ出す美のようです。

まず男女が互いに向きあい、静かに呼吸のプラーナを合わせながら、自分自身の第一チャクラに宿る生命エネルギーを観想します。人間にとっては、生命エネルギーである愛のエネルギーこそが龍神の正体ですから、下丹田に自分の龍神が見えてくることもあります。

この時、相手のエネルギーを感じようとしたり、相手の龍神を見ようとはしません。空性の世界に入るまでは、自分自身にだけ意識を集中します。それが我欲とエゴと煩悩が暴れ出すのを防ぐ唯一の方法です。自分にだけ意識を集中していると、我利も利他も薄らぎながら各々のグランティ結節へと戻っていきます。

仙骨と第一チャクラの間にあるのがブラフマー結節、心臓と咽頭の間にあるのがヴィシュヌ結節、眉間と頭頂の間にあるのがルドラ結節です。

ブラフマー結節は、肉体的、物質的、性的快感への執着の塊で、我利と煩悩の根源です。

ヴィシュヌ結節は、他人からの束縛や家族的&社会的洗脳支配、神仏やスピリチュアルへの執着の塊で、自分自身の本性を隠す黒雲の根源です。この黒雲は利他の稲妻を放っています。

ルドラ結節は、第三の目と松果体の覚醒を邪魔しています。覚醒や解脱、自分の本性を見せないようにするために、「自分だけ」なエゴを焚きつけて魔界に堕とし魔神を盲信させます。ここには魔毒に染まった我利と利他が意識と言動の中に放たれています。

これらのグランティ結節は、ヨガや瞑想、時には難行苦行の果てに破られると伝えられてきました。どの行者もクンダリーニ覚醒を目指していたわけですが、ほとんどが魔界へと堕ちてしまいました。

このグランティ結節は破壊するのではなく、解毒浄化しましょう。我欲とエゴと煩悩を消し去ってしまってはいけません。諸毒に染まった我欲とエゴと煩悩を綺麗に解毒浄化すれば、結節はクンダリーニ覚醒を妨げたりはしません。

ヨガや瞑想を続けていると、身体の声がしっかりと聞こえてくるようになり、食事も日常生活も天地自然に則したものへと変わってきます。ゆっくりとではありますが、着実に我欲とエゴと煩悩も解毒浄化されていきます。

ヨガや瞑想が成就してグランティ結節を破った！　と喜んでしまうのも、覚醒の方便なので大いに結構なのですが、せっかく成就したクンダリーニ覚醒に酔いしれていると、遂には魔界に取り込まれてしまうので要注意です。

龍神は愛のエネルギーです。自分自身の下丹田に龍神がゆっくりと泳いでいるのが見えてくるまで静かに観想します。焦らなくても大丈夫です。調子の良い悪いもよくあることですから、今日はうまく観想できないなと思ったら、そこで終わりにしましょう。それがクンダリーニ症候群を防ぐコツでもあります。

龍神が見えてきたら、自分自身の愛を龍神めがけて注ぎ込みましょう。誰かを愛しく思う気持ち、抱きしめたい気持ち、誰かに抱きしめられている穏やかで温かな気持ち……ひとつに和合したい気持ちも大歓迎です。龍神がどんどん大きく、赤く、元気になっていくでしょう。

自分の龍神に意識を集中し続けます。パートナーには一切意識を向けません。ただ自分だけ、もっと言うならば自分の龍神にだけ意識を集中します。パートナーへの意識が消えると、あなたの中の利他も消えます。自分への意識が消えると、我利も消えます。自分の龍神だけを見つめ続けることで、あなたの中の我利と利他は合一してしまいます。

するとパートナーの赤い龍神が見えてくるようになります。あなたの龍神とパートナーの龍神がゆったりと寄り添うように泳いでいるのが見えてきます。次に何かを想念する必要はありません。ただ二匹の龍神を観想の目で見続けましょう。

龍神たちがダンスをするように泳ぎながら、ゆっくりと上へと昇ってきます。その際、どこかのチャクラか結節を通る時に、二匹が和合して一匹の龍神と化すでしょう。

龍神のエネルギーが強く大きく逞しくなっていくと、自分の身体に熱や痛み、しびれなどを感じることもありますが、意識がそれらをとらえてしまう前に、「捨て去れ！　消えろ！」と意識の中で叫びながら意識ごと捨て去ります。

そして、じっと瞬《まばた》きしない覚悟で龍神を見つめ続けましょう。じっと見つめます。じっと……じっと……。あなたの意識は龍神を見つめている目だけになります。その目ですら龍神に吸い込まれてしまい、あなたは龍神そのものになってしまっても構いません。すぐに龍神はチャクラを駆け上っていきます。クンダリーニ覚醒です。

龍神は空と無の世界に住んでいます。そこは神々の六次元の神界を超えた七次元の世界です。そこでは、まだ自分という意識が残っていても空性を楽しめます。あなたは私、私はあなた、私は神で神は私……の世界です。

私は神である、と豪語されている自称覚者たちが今も次々に現れていますが、どれも幼い戯言だね、と微笑ましく見えてくるでしょう。同時に、本当にこの空性に覚醒した名も無き人たちがとても増えていることに驚かされ随喜したくもなるでしょう。

そしてあなたもパートナーも、そんな空性の覚者の一員となりました。我欲とエゴと煩悩、そして愛の毒は、とてもしつこく意識にへばりついているので、空性で寛ぎながら、毒に気がつけば軽く払い落としましょう。そこが空性だからこそ、ホコリを払うように簡単に無の中へと捨て去ることができます。

空性であなたの神さまをお呼びすると、あなたの中から出てきて下さいます。守護神さまやいつも信心している神さまでも、仏陀さまでも構いません。お名前を念じると出てきて下さいます。

そこであなたの意識も捨て去ります。龍神と和合した時と同じように神さまを意識の目で見つめて、神さまの目の中に吸い込まれるように和合します。

神さまと和合して、私は？　と思うと、神さまの目で見たあなたの姿が見えてきます。あなたの身心頭魂のすべてが見えます。

この世は？　と思うと、神さまの目で見たこの世のあれこれが見えてきます。そうやって神さまの目で様々なものを見てみるのも、空性の楽しみ方のひとつです。この世とは？世界とは？　人間とは？　そして自分とは？　の見識が、神さまの目と同じレベルに広がってきます。

空性で神さまと和合したまま、あなたの意識も神さまの声も消し去ってしまうと、光明の境地への入口が朧気ながらに見えてきます。

光明への入口を通るには、必ず導師様が必要だと伝えられてきました。しかし光明の境地へ入ったことがある導師様に出会えるのは至難の業でもあります。でも大丈夫！　あなたがちゃんと諸毒の排毒浄化、我欲とエゴと煩悩の解毒浄化が終わりを迎えていれば、不思議な縁で導師様と出会うことができるはずです。

それはこの世の実在の方だとは限りません。夢の中に現れることもあります。私もゾクチェンの夢の修行の中で、仏陀さまが導師に、ユトク聖医様が介添え役となって現れて下さいました。さすがに仏陀さまに、よろしいのでしょうか？　とお尋ねすると、これでどうでしょう？　と大笑いされながら数々の吉祥の夢を見せて下さいました。

このようにパートナーと向きあって観想するだけのヤブユムでも、十分にふたりの合一とクンダリーニ覚醒、そして空性と神々との和合を味わえます。

何より愛の我利と利他がひとつに溶けあってしまいます。それはまるで空気のようなもの……これは私の空気だ、あなたの空気はこれですよ、と言われても分かりませんよね。空気はこの世の天地自然に遍く広がっています。愛も同じです。愛は宇宙全体に広がっています。私の愛、あなたの愛……と線引きして独占したり、売買したり、プレゼントしたり、銀行に預けたり、お墓に持って入ったりはできないものです。

我利の袋と利他の袋は、そんな空気のような愛を風船のように詰め込むことができます。我利の袋にも、利他の袋にも、色がついています。我利と利他が強くなるに従って袋の色も濃くなります。

我利と利他が慎ましい時は、袋もシャボン玉のような薄さで、すぐにパチンと弾けてしまいますが、我利と利他が自分でももう手に負えないくらい巨大化してしまうと袋も極厚になってしまいます。

「今のこの世で大成功、大富豪、英雄になるには鋼鉄の袋が要ります」とお地蔵さまも顔をしかめておられました。

「その袋に詰め込まれた愛が愛の毒となります。毒ガス室に入れられたら、あなたたち人間は死にますよね。同じように愛の毒が充満した身心頭の中では、魂は生きられません。

魂は身心頭を見捨てて、天空へと逃げ帰ってしまいます。魂を失った身心頭には、すぐに魔物が取り憑きます。幼小児でも魔物は容赦なく取り憑いて魔人にしてしまいます。

魂は、食毒、電磁波毒、香毒、薬毒には、最後までがんばって身心頭を支えてくれます。我欲とエゴと煩悩が嵐のように吹き荒んでも、じっと耐えてくれます。しかし愛の毒にはお手上げです。毒々しい我利と利他に染まった愛の毒を解毒浄化してしまわない限り、魂の覚醒はありません。

身心頭は各々、それなりに覚醒した幻想に浸ることはできますが、それは本物の覚醒ではありません。覚醒ごっこ以下……魔性に冒された覚醒の幻影に過ぎません。そんな覚者たちも今、魔界に急増しています。魔界に堕ちても尚、覚醒のヒエラルキーを作って足の引っ張りあいをしていますから、もう手に負えません。

私たち地蔵が魔界を歩き回っていても、愛の毒に冒されたままの亡者たちには、私たちの姿も見えず、声も聞こえません。おどろおどろしい覚者の叫びに引き寄せられて魔界の奥深くへと連れ込まれてしまいます。手を差し伸べても払い除けられてしまうので、どうしようもありません。

朝になって、そんな魔界から戻ってくると、愛の毒を吐きかけられた私たち地蔵の顔は、鼻も目も口も強烈な酸で削り溶かされたようになってしまっています。私たち地蔵は、皆さんの苦悩を身代わりとなって引き受けますと誓願しましたので、これしきの苦痛は何ともありません。しかし皆さんは生身の人間ですから、あれほどの愛の毒を日々浴びせあっていること自体が、すでに地獄です。直接の浴びせあいならば、殴りあうのと同じように我が身も多少は痛みますし、目の前でもがき苦しむ相手を見て、慈悲と懺悔の気持ちが沸き起こってくるかもしれません。

でも、今の皆さんはネット社会に取り込まれてしまいました。SNSで罵詈雑言を吐いたり、匿名で執拗に個人攻撃したりしている方たちは皆、諸毒だけでなく、酷い愛の毒にも冒されているのが私たち地蔵の目にはとてもはっきりと見えています。

そこでは慈悲と懺悔の芽生えは皆無です。SNSは魔人の巣窟です。SNSの中に居る時、誰もが魔人であり、魂は身心頭を捨てて天空へと逃げ帰ってしまっています。SNSが作りだした愛の世界も魔界です。愛の毒に染まった者同士が結びつき、性交し、我利と利他を高めあって束の間の悦楽に浸っているだけの魔界です。

どんなに愛の毒が渦巻いていても、私たち地蔵は毎日、魔人と化した皆さんを救い出すために、逆巻く愛の毒の中に勇んで飛び込んでいきます。

愛の毒に染まってしまった皆さんは、この世で本物の愛を成就したいと願って生まれてきたはずです。だから私たちも何とか愛の毒海から救い出して、人工呼吸をするように、本物の愛を皆さんの中へ吹き込んであげたいのです。

溺れた人が人工呼吸でブファーと汚水を吐き出して息を吹き返すように、救い出した方々が愛の毒を吐き出し、宇宙の愛を吸い込んで見る見る顔色が桜色に戻ってきた時、私たち地蔵は大喜びして思わず踊り出してしまいます。私たちの削られ溶かされてしまった顔も、ちゃんと元のハンサムな顔立ちに戻ってくれます。

せっかく身体を持ってこの世に生まれてきたのですから、男女の性愛も思う存分、満喫していただいて結構です。神々も宇宙も、地球と天地自然も、それを微笑ましく見守ってきましたし、これからも見守り続けていきたいのです。

でも今のままでは、その『これから』が見えません。もうこれ以上、魔界に堕ちてはいけません。そのために心がけることはただひとつ、『あなたの波動を下げないで！』しかありません。

我欲とエゴと煩悩を自分自身で支配し、上手にコントロールできる頭脳と精神力を、あなたたちは持って生まれてきました。

我欲とエゴと煩悩の家畜奴隷のままで良いのですか？　次は畜生道を永遠と転生するだけになってしまいますよ。

食毒、電磁波毒、香毒、薬毒に冒されていることに気づかないままで良いのですか？諸毒を排毒浄化しようとがんばっている身心頭魂の声を無視しつづければ、もう次は石にしか転生できなくなってしまいますよ。

愛の龍神に乗り輪廻転生の呪縛を解き放って覚醒するぞ！　と生まれてくる前に誓願されたことを思い出して下さい。皆さんが人間になったのは、自己中の愛、無償の愛、友愛に翻弄されながらも、この世が末世と化した時に、本物の愛に目覚め、愛の龍神に乗って覚醒するという醍醐味を味わいたかったからでしょう？

皆さんひとりひとりの覚醒が、魔界と化したこの末世に小さな風穴を開けていきます。確かにひとりの覚醒は針の穴の如きです。でも何千何万……と穴が増えれば、この末世に幾重にも亀裂が入ります。

強欲凶悪の熱が極まったこの末世を大爆発させましょう。皆さんひとりひとりの波動は、そのための聖なる起爆剤です。湿らせないで！　暴発しないで！

だから今は自分の波動を保つのです。

高めようとすると、魔界の思う壺で暴発させられてしまいます。そのまま波動を保っているだけで、あなたの波動はちゃんと高まっていきますから心配しないで。

私たち地蔵が仏陀さまに衆生救済を誓願したのは、ずっとずっと昔でした。仏陀さまは光明の境地から私たちに手招きされて、そっと耳打ちされました。それは今、この時代での古い末世の崩壊と新しい世界の誕生を担う秘密指令でした。

光明の境地は時空間を超越しています。だからこそ仏陀さまには、今のこの末世の状況がはっきりと見えておられたのです。そして、ひとりひとりの魂の輝きを取り戻すように、魔界に堕ちた者たちもできるだけ救済するように、私たちに命じられたのです」

お地蔵さまはそう仰ると静かに合掌されました。

6　我欲とエゴと煩悩の解毒浄化

食毒、電磁波毒、香毒、薬毒、愛の毒の排毒浄化が進んでくると、我欲とエゴと煩悩の解毒浄化が始まります。

順風満帆だった人生に次々と予期せぬ不幸不運が押し寄せてきて、気がつけば、どん底に落ちていることもあります。

物心ついた頃から、ずっとどん底人生だったのに、想像を絶するような更なる不幸不運に見舞われてしまうこともあります。

恨むことも恨まれることもなく、妬むことも妬まれることもなく、それなりに幸せな暮らしを送っていたのに突如、死病を患ってしまうこともあります。

人生のどん底に落ちた。それはイコール新たな人生への入口に立ったという証です。これまでの順風満帆な人生のままでは、不幸不運に慣れっこになり諦めていた人生のままでは、平々凡々だけどそれなりに幸せな人生のままでは、新たな人生など決して望まなかったはずです。

順風満帆な人生を送ってきた人たちは、もう十二分に我欲とエゴと煩悩を味わってきたはずです。我欲とエゴと煩悩には上限はありませんから、自分で我欲とエゴと煩悩の増長を止めない限り、死ぬまで我欲とエゴと煩悩に翻弄され続けます。誰かがその増長に急ブレーキをかけたから、コースアウトしてどん底に落ちただけです。

どん底から我欲とエゴと煩悩を見上げると、あれほど煌びやかで憧れていたものがハリボテだったことに気づけます。なんだ、そうだったのかと気づくと、新しい人生への入口が見えています。

不幸不運続きで夢も希望もない人生を送ってきた人たちは、我欲とエゴと煩悩を固く封印したまま、もう自分にも我欲とエゴと煩悩があったことすら忘れてしまっています。我欲とエゴと煩悩が煮えたぎるこの世を盲目のまま行き当たりばったりに彷徨っていますが、実は盲目ではなく、自分で固く目を閉じているだけです。

目を開いて自分の内なる我欲とエゴと煩悩を見つめないと、それらを解毒浄化することはできません。どん底の底が抜けて奈落にドスンと落ちたショックで目を開くと、内なる我欲とエゴと煩悩が視野に飛び込んできます。怖い！　嫌だ！　と目を閉じますが、また次の奈落に落ちます。チラッと内なる我欲とエゴと煩悩を見て、また目を閉じます。そして次の奈落に落ちます。

これを何度も繰り返していると、内なる我欲とエゴと煩悩がはっきりしてきます。今生ではまだひとつも味わったことはないけれど、どれもケバケバしい合成着色料で塗り固めたキャンディだったことに気づけます。なんだ、そうだったのかと気づくと、新しい人生への入口が見えています。

それなりの人生を送ってきた人たちは、それなりの我欲とエゴと煩悩を味わってきました。もっともっとの気持ちはありますが、こんなものね、の諦めもあります。例え宝くじが大当たりしても、会社が倒産したりしても、内なる我欲とエゴと煩悩と向きあうことは難しいでしょう。だから死病なのです。自分の死と向きあうのが最強なショック療法だからです。

自分の死と向きあうと、人生のその場で立ち止まります。過去を振り返り未来を覗き込みながら、その場で右往左往します。死が目前に迫ってくると、もう祈るしかありません。すると慈悲と感謝に目覚めやすくなります。過去と未来にちりばめられていた内なる我欲とエゴと煩悩が瞬かなくなってくると、なんだ、そうだったのかと気づき、新しい人生への入口が見えてきます。

我欲とエゴと煩悩を解毒浄化する特効薬は「気づき」です。どんなに有り難い経典も加持祈祷も、聖地巡礼も難行苦行も、気づきへの道標に過ぎません。例え壮大な神社仏閣を寄進しても、この特効薬を誰かからもらうことは叶いません。

誰もがこの特効薬を生まれながらに持っています。心のポケットを探れば必ず見つかります。ただ自分の気づきでなければ、解毒浄化の効果は現れないだけです。

気づけば一歩一歩前進しながら新しい人生を歩めます。もう我欲もエゴも煩悩も大きなハリボテだと気づきました。かさばるだけですから捨て去りましょう。どの我欲もエゴも煩悩も、あの世へは持ってはいけません。それなのに、死んでもしがみつこうとするから輪廻転生してしまうのです。我欲とエゴと煩悩を因とするから、我欲とエゴと煩悩に苛まれる果を背負うのです。そんな輪廻も因果も捨て去りましょう。

え！　良いのですか？

良いのです。そのための今生なのですから。我欲とエゴと煩悩の具現化物が溜まりに溜まった人は、それまでの具現化システムの主目的を、富と権力と支配から衆生救済へと書き換えましょう。例えば、それがお金配りでも構いません。そこに自分の我欲とエゴと煩悩がなければ、それも立派な廻向になります。

廻向した後に、内なる我欲とエゴと煩悩が炙り出されてくることもよく起こります。それに気づけたら、また一歩前進です。懺悔して、新たな布施を考えれば良いだけです。

不幸不運のどん底を彷徨っている人は、不幸不運を幸福幸運に書き換えましょう。もう不幸だ不運だと嘆くのを止めます。今日も生きています、生かされています。それだけでも幸せです、幸運です。今日もどこかに花が咲いていています、木々が歌っています。それも幸せです、吉祥です。

仏陀さまは、六道の中の阿修羅や畜生や餓鬼、地獄や天道ではなく、人間に生まれたことと自体がとても貴重で尊いことだと仰っています。どんなにどん底続きの今生であっても、森羅万象を見渡して見れば、これほど幸福幸運なことはありません。そして人間として生まれたからには、人生の目的が必ずあります。それは不幸だ不運だと嘆くことでは決してありません。「光の前世療法」で八千人以上の方々の人生の目的を見てきましたが、どんな人生であっても、その人生の目的の根幹は慈悲と感謝でした。

慈悲と感謝の灯火は、最悪最低などん底でも灯すことができます。お金がなくても、死病でも、明々と灯すことができます。森羅万象に向かって微笑むことは誰にでもできます。合掌しながら、ありがとうございますと唱えることも誰にでもできます。

慈悲と感謝の灯火を灯している間、どん底は消えています。あなたの神さまを観想している間も、どん底は消えています。この慈悲と感謝の灯火は、自分で吹き消さない限り消えません。幸せと幸運、新しい人生を吹き消してきたのは、あなた自身だったのです。

え！　そんなバカな……でも確かに……と気づければ、もう大丈夫です。内なる我欲とエゴと煩悩が心を引き裂きながら滴り落ちてきますが、もう負けません。それに打ち勝つための忍耐と心の強さを養うためのどん底だったのですから。

それなりの人生で死病に取り憑かれた人は、まずはそれなりの治療を受けます。死と向きあいながら我欲とエゴと煩悩の儚さと無意味さに気づければ、新しい人生への入口が見えてきます。

どのどん底からも、新しい人生への入口が見えます。その入口に立てば菩提心が発します。生きとし生けるものすべての幸せのために仏陀の境地を目指すという新たな人生の目的を高々と掲げましょう。

この発菩提心は、あらゆるどん底病を消し去る特効薬です。悪魔でさえ祓い除けてしまう神聖なパワーを秘めています。自分の内外に溢れ出ていた我欲とエゴと煩悩も消滅していきますが、この時、至福の大楽に浸ります。我欲とエゴと煩悩が自分から消えていく大楽を味わいがために、何度も人間に輪廻転生してきたことを思い出します。大富豪となって我欲とエゴと煩悩を極めようとしたのも、どん底人生だからこそ燃えたぎる内に秘めたる我欲とエゴと煩悩の凄まじい形相を見届けようとしたのも、無理矢理に死と向きあわされて狼狽する人間らしさを堪能しようとしたのも、自分の魂が決めたことだったのです。

自分が決めたことは自分で書き直せます。ページをめくって、新たな人生を新しいページに描きましょう。誰も邪魔しません。それはあなたの人生ノートですから。我欲とエゴと煩悩でベトベトに染まってしまった古いページは、もう破り捨てましょう。新しいページは真っ新です。我欲とエゴと煩悩とは、もう無縁です。そのページに、あなたの菩提心を描いてください。

思いっきり！　思うがままに！

それがあなたですから。それがあなたの本性ですから。

大丈夫！　あなたは仏陀、私も仏陀、みんな誰もが仏陀なのですから。

吐瀉《ゲロ》の瞑想

この本の校正も終盤にさしかかったある夜、夢の修行にマチク・ラブドン様が現れて、この瞑想を伝授して下さいました。マチク様はチベットで最も名高い女性密教行者で、後述するチューの瞑想の創始者です。チューの瞑想をこの本に載せるお許しを得るために仏陀さまの涅槃でお目にかかった仏縁で、「これを衆生の我欲とエゴと煩悩とカルマの解脱浄化に用いなさい」と仰っていただきました。

「何という瞑想法ですか？」

「私は吐瀉の瞑想と呼んでいましたが、今はもうこの世に伝わってはいません。好きなように名づけなさい」と仰いました。

1　目を閉じます。ゆっくりと呼吸します。息を吐く時に身心頭魂の全ての毒を吐き出します。息を吸う時に宇宙の全ての愛を吸い込みます。真っ黒な煙をどんどん吐き出します。眩しく輝く愛の光を吸い込みます。

2　あなたにとって今一番落ち着けて安心できる安全な場所を観想します。そこにあなた自身が立っている姿を観想します。

3　足下の地球の中心から熱いマグマがどんどんと上ってきて、足の裏からくるぶし、すね、膝、太もも、腰、お腹へとマグマが流れ込んでくるのを観想します。下半身が温まってきたのを感じ取ります。

4　宇宙の中心から愛と喜びのエネルギーが降り注いできて、頭のてっぺんから顔、目と耳と鼻と口へ、喉と首へ、そして胸へと流れ込んでくるのを観想します。

5　あなたの真ん中で地球のマグマと宇宙の愛と喜びのエネルギーが触れあって新しい宇宙がビッグバンして生まれ、広がり、すぐにあなた自身のすべてが大宇宙となったのを観想します。あなたのすべては完全に浄化されて、新しい大宇宙に吸い込まれ消えてしまいます。

6　十方を見渡すと、森羅万象すべてがあなたを包み込み守ってくれています。さぁ安心してすべてを大宇宙に委ねましょう。

7　あなたの目の前の宇宙に光のトンネルが現れます。お地蔵さまがトンネルの中から現れて手招きしています。あなたを迎えにきて下さいました。お地蔵さまと手を繋いで、光のトンネルを踏みしめながら奥へと進んでいきます。

8　トンネルの中が紫色の光に満たされます。それは聖なる浄化の光、神々からの導きの光です。あなたのすべてを完全に浄化してくれる聖なる光です。

9　更にトンネルを進むと、海の青い光に満たされます。それは水の神さまの光です。あなたの中の邪悪な欲望と煩悩の火を消し去ってくれます。

10　更にトンネルを進むと、空《そら》の青い光に満たされます。それは空の神さまの光です。あなたの古い呪縛とがんじがらめの鎖と輪廻を断ち切って自由にしてくれます。

11　更にトンネルを進むと、森の緑の光に満たされます。それは風の神さまの光です。人間同士の生命の繋がり、森羅万象との生命の繋がりを蘇らせてくれます。

孤独と依存が消え去り、あなたの中にも新たな愛の風が巡り始めます。

12　更にトンネルを進むと、お日さまの黄色の光に満たされます。それは豊かな実りの光です。あなたの冷えと飢えが消え去り、感謝と喜びに包まれます。

13　更にトンネルを進むと、夕日のオレンジ色の光に満たされます。安らぎ、寛ぎ、癒やしに包まれます。心配、苦痛、悩みが消え去り安心に満たされます。

14　更にトンネルを進むと、赤い光に満たされます。それは生命の血潮の光です。あなたに残っていたすべての毒が完全に消え去り、新しい生命で満たされます。

15　お地蔵さまがトンネルの先を指さしています。そこには光の扉が見えています。お地蔵さまと一緒に光の扉へと向かいます。5、4、3、2、1、0。あなたは虹色に眩しく輝く光の扉の前に立っています。お地蔵さまが扉に触れると、扉から虹色の光のシャワーが吹き出してきました。あなたは消え去ります。あなたという自我も消え去ります。虹色の光のシャワーをもっと浴びます。あなたが消え去ります。あなたの自我も消え去ります。あなたが消え去ります。あなたの自我も消え去ります。そして光の扉が開きます。お地蔵さまも消え去りました。光の扉も消え去りました。

16　そこはもう空と無の世界です。空と無の世界に今、あなたは浮かんでいます。ただ浮かんでいます。何もないけれど、すべてがあなたです。上を見上げると、多くの龍神たちが気持ちよさそうに泳いでいます。あなたの龍神があなたを見つけて降りてきて、あなたの目の前であなたと向きあいます。他の龍神たちも降りてきて、あなたを取り囲んで輪になって泳いでいます。

17　あなたの龍神が口を大きく開いて、あなたを待っています。まるで蛇に睨まれた蛙のように、あなたはジッとしています。龍神があなたの頭に食いつき、ガリガリと不気味な音を立てながら、あなたの頭をかみ砕いて飲み込みました。次にあなたの胸にかぶりつきました。龍神は肋骨と腕をポキポキと折りながら、あなたの胸を飲み込みました。龍神はあなたの腹と骨盤を丸呑みしました。グチュグチュとおぞましい音を立てながら、内臓を喰い尽くしていきます。そして最後に足をボキボキと折りながら飲み込んでしまいました。

18　あなたのすべてが今、龍神に食べられてしまいました。龍神はドロドロになったあなたを反芻しています。あなたの臭気が辺りに漂っています。

19　龍神の目の前に、あの光の扉が現れました。すぐに扉が開いて、あなたが龍神の前に出てきました。先ほどのあなた、龍神に喰われてしまう前のあなたがそこに浮かんでいます。

20 龍神があなたをジッと見つめています。あなたも龍神の目をジッと見つめ返します。龍神の目の中に映ったあなたを見つめます。その瞬間、龍神は大量のゲロを吐いて、あなたに浴びせかけました。それは我欲のゲロです。すべてあなたが持っていた、あなたに潜んでいた我欲のゲロです。今やあなたは我欲のゲロまみれです。何を感じますか？　熱いですか？　冷たいですか？　痛いですか？　苦しいですか？　悲しいですか？　腹立たしいですか？　恥ずかしいですか？　どこかに逃げ出したいですか？　臭いですか？　重いですか？　目にしみますか？

どんな味がしますか？　あなたの我欲のゲロがどんどん染み込んでいきます。

21 突然、龍神が猛烈な火炎をあなたに浴びせます。あなたは瞬時に焼き尽くされて骨と灰だけになりました。さぁ骨と灰を見て。どこかに黒や赤や青などの色が付いた骨や灰が残っていませんか？　もしあれば、それは身体のどの部位の骨や灰でしょうか？　龍神が身震いすると、天空から赤鬼が骨壺を持って降りてきました。「我欲」と浮き彫りされた骨壺です。赤鬼は色の付いた骨と灰だけを骨壺に入れました。

22 再び龍神の目の前に、あの光の扉が現れました。すぐに扉が開いて、あなたが龍神の前に出てきました。龍神に喰われてしまう前のあなたがそこに浮かんでいます。

23 龍神があなたをジッと見つめています。あなたも龍神の目をジッと見つめ返します。龍神の目の中に映ったあなたを見つめます。その瞬間、再び龍神は大量のゲロを吐いて、あなたに浴びせかけました。それはエゴのゲロです。すべてあなたが持っていた、あなたに潜んでいたエゴのゲロです。今やあなたはエゴのゲロまみれです。何を感じますか？　熱いですか？　冷たいですか？　痛いですか？苦しいですか？　悲しいですか？　腹立たしいですか？　恥ずかしいですか？どこかに逃げ出したいですか？　臭いですか？　重いですか？　目にしみますか？　どんな味がしますか？　あなたのエゴのゲロがどんどん染み込んでいきます。

24 再び龍神が猛烈な火炎をあなたに浴びせます。あなたは瞬時に焼き尽くされて骨と灰だけになりました。さぁ骨と灰を見て。どこかに色の付いた骨や灰が残っていませんか？　もしあれば、それは身体のどの部位の骨や灰でしょうか？　龍神が身震いすると、天空から青鬼が骨壺を持って降りてきました。「エゴ」と浮き彫りされた骨壺です。青鬼は色の付いた骨と灰だけを骨壺に入れました。

25　龍神の目の前に、再びあの光の扉が現れました。すぐに扉が開いて、あなたが龍神の前に出てきました。龍神に喰われてしまう前のあなたがそこに浮かんでいます。

26　龍神があなたをジッと見つめています。あなたも龍神の目をジッと見つめ返します。龍神の目の中に映ったあなたを見つめます。その瞬間、再び龍神は大量のゲロを吐いて、あなたに浴びせかけました。それは煩悩のゲロです。すべてあなたが持っていた、あなたに潜んでいた煩悩のゲロです。今やあなたは煩悩のゲロまみれです。何を感じますか？　熱いですか？　冷たいですか？　痛いですか？　苦しいですか？　悲しいですか？　腹立たしいですか？　恥ずかしいですか？　どこかに逃げ出したいですか？　臭いですか？　重いですか？　目にしみますか？　どんな味がしますか？　あなたの煩悩のゲロがどんどん染み込んでいきます。

27 再び龍神が猛烈な火炎をあなたに浴びせます。あなたは瞬時に焼き尽くされて骨と灰だけになりました。さぁ骨と灰を見て。どこかに色の付いた骨や灰が残っていませんか？ もしあれば、それは身体のどの部位の骨や灰でしょうか？ 龍神が身震いすると、天空から緑の鬼が骨壺を持って降りてきました。「煩悩」と浮き彫りされた骨壺です。緑の鬼は色の付いた骨と灰だけを骨壺に入れました。

28 龍神の目の前に、再びあの光の扉が現れました。すぐに扉が開いて、あなたが龍神の前に出てきました。龍神に喰われてしまう前のあなたがそこに浮かんでいます。

29 龍神があなたをジッと見つめています。あなたも龍神の目をジッと見つめ返します。龍神の目の中に映ったあなたを見つめます。その瞬間、龍神は大量のゲロを吐いて、あなたに浴びせかけました。それはカルマのゲロです。すべてあなたが持っていた、あなたに潜んでいたカルマのゲロです。今やあなたはカルマのゲロまみれです。何を感じますか？ 熱いですか？ 冷たいですか？ 痛いですか？ 苦しいですか？ 悲しいですか？ 腹立たしいですか？ 恥ずかしいですか？ どこかに逃げ出したいですか？ 臭いですか？ 重いですか？ 目にしみますか？　どんな味がしますか？　あなたのカルマのエゴがどんどん染み込んでいきます。

30 突然、龍神が猛烈な火炎をあなたに浴びせます。あなたは瞬時に焼き尽くされて骨と灰だけになりました。さぁ骨と灰を見て。どこかに色の付いた骨や灰が残っていませんか？　もしあれば、それは身体のどの部位の骨や灰でしょうか？

龍神が身震いすると、天空から黒鬼が骨壺を持って降りてきました。「カルマ」と浮き彫りされた骨壺です。黒鬼は色の付いた骨と灰だけを骨壺に入れました。

31 龍神が天空に向かって大きく吠えました。そして鱗を逆立てながら何かを吐き出しました。どんなにゲロにまみれていても、それはあなたの仏性です。あなたの本性でもあります。動物の母親が生まれてきた子供にまとわりついている不要なものを舐め浄めるように、龍神のあなたも目の前のゲロまみれの仏性を舐め浄めましょう。きれいに、愛おしく舐め浄めます。

32 浄められた仏性は、どんな姿形ですか？　それはあなたの仏性です。無始の時以来、ずっとあなたに宿っている仏性です。仏性が龍神のあなたに話しかけています。その声を聞いて。あなたの仏性とお話をしましょう。

33　仏性が我欲の骨壺を覗き込んで、入っていた骨と灰の謎を解き明かして下さいます。どこの骨だったのか？　どの臓器や器官の灰だったのか？　なぜそんな色が付いていたのか？　の謎解きも詳しくして下さいます。

34　仏性がエゴの骨壺を覗き込んで、入っていた骨と灰の謎を解き明かして下さいます。どこの骨だったのか？　どの臓器や器官の灰だったのか？　なぜそんな色が付いていたのか？　の謎解きも詳しくして下さいます。

35　仏性が煩悩の骨壺を覗き込んで、入っていた骨と灰の謎を解き明かして下さいます。どこの骨だったのか？　どの臓器や器官の灰だったのか？　なぜそんな色が付いていたのか？　の謎解きも詳しくして下さいます。

36　仏性がカルマの骨壺を覗き込んで、入っていた骨と灰の謎を解き明かして下さいます。どこの骨だったのか？　どの臓器や器官の灰だったのか？　なぜそんな色が付いていたのか？　の謎解きも詳しくして下さいます。

37　仏性が４つの骨壺の骨と灰のすべてを包み込んで、ギュッギュッギュッとおにぎりを握るように固めて下さいました。どんどん小さくなっていき、最後には親指大になってしまいました。仏性の掌が蓮の花のように開くと、一粒の種が花の中央にありました。その色を見て。香りを嗅いで。仏性がその種をあなたに手渡しながら、とても大切なお話を聞かせて下さいます。

38　仏性が鬼たちが担ぐ神輿に乗って天空へと上っていきます。龍神となったあなたも仏性と一緒に上っていきましょう。仏性の神輿は難なく天空の向こうの空性を越えて光明に入りました。そして直ぐに光明に坐しておられる仏陀さまの中に飛び込みました。龍神のあなたも仏陀さまの中に飛び込みましょう。

39　今、仏陀さまとひとつに溶けあっています。仏性ともひとつに溶けあっています。あなたは仏性そのものです。あなたは仏陀です。あなたも仏陀です。

40　仏陀さまが涅槃を見せて下さいます。涅槃を味わって、涅槃を楽しみましょう。そこはあなたの涅槃です。無始の時以来、ずっとあなたの故郷だった涅槃です。

41　あなたの涅槃のどこかに持って来た種を植えましょう。仏陀さまも手伝って下さいます。仏陀さまと一緒に植えて、仏陀さまと一緒に両手をかざして種に祈りを込めます。何を祈りますか？　何を願いますか？　やがて芽が出て、葉が茂り、花が咲きます。いつか実もなるでしょう。

42　これからはいつでもあなたの涅槃へと帰ってくることができます。そこはあなたの涅槃ですから大丈夫です。

43　新しいこの世へと仏陀さまと共に戻って来ます。そこはもう古い世界ではありません。新しい五次元世界へと戻って来ましょう。そこには新しいあなたの身体、こころ、頭と意識、魂が用意されています。さぁ新しいこの世へと戻ってきましょう。5、4、3、2、1、0。あなたは新しい世界の新しいあなたに生まれ変わりました。内なる仏陀さまを感じて、内なる仏陀さまの声を聞きましょう。

これがマチク・ラブドン様から授かったゲロの瞑想誘導です。

〈ご注意〉　向精神薬・睡眠薬・麻薬性鎮痛薬などを常用されている方、睡眠時無呼吸症候群の方、悪夢をよく見る方、コロナワクチン接種後に何らかの副反応が出た方、15歳以下の方、極度の肥満体型の方は禁忌です。

この誘導瞑想は、あくまでも自己責任でお試しください。瞑想中、瞑想からの覚醒時、および瞑想後に生じた如何なるケガ、病状の悪化や瞑眩反応、精神的変容などに関して、著者も出版社も書店も一切関知いたしません。『自己責任』の意味がお分かりになられない方は、この誘導瞑想は決してしてはいけません。

「地蔵医学」付録：ゲロの瞑想

第二章　夢

1　夢の浄化

最近、夢をよく見ませんか？

夢の内容が変わってきていませんか？

夜間、何度もトイレで目覚めませんか？

どれも夢の浄化が始まった証ですから心配は要りません。

夢の浄化は、身心頭魂の排毒浄化のひとつのプロセスです。食毒、電磁波毒、香毒、薬毒、愛の毒の排毒浄化を8割方終え、我欲とエゴと煩悩の解毒浄化が峠を過ぎた頃に、夢の浄化は始まります。

ですから、そんな諸毒の排毒浄化、我欲とエゴと煩悩の解毒浄化に無頓着なまま、相変わらず家畜奴隷の日々を楽しんでいる方々には、この夢の浄化は起こりません。同じような症状が現れたとすれば、それはいよいよ頭と泌尿器系と自律神経系に不治の病が現れたか、魔物に取り憑かれてしまったか、のいずれかでしょう。

夢の浄化は、とても聖なる浄化です。

夢の神さまが直々に、あなたの潜在意識と魂を解毒浄化するために毎夜、最適な夢を見せて下さいます。

ある夜には、記憶やトラウマの解毒浄化のための夢ばかりを見ることがあります。別の夜には、何かに気づかせようとする夢ばかりを見ることもあります。またある夜には、得られた気づきや智恵を確かめるための復習ドリルのような夢ばかりを見ることもあります。時には一晩中、夢の中で難しいレクチャーを受け続けることもあります。

そんな夜は、身体は眠っていたけど、意識はしっかりと目覚めたままで夜が明けてしまいます。夢の中で導師様に質問されて答えたり、逆にこちらから質問を投げかけたりもしていますが、朝を迎えても意識はとてもハッキリとしていて、頭の疲れや思考力低下はまったく感じられません。身体も心も普段よりも元気いっぱい！　なくらいです。

この夢の浄化は、日曜祝日関係なく毎夜続きます。

記憶やトラウマの解毒浄化は、この夢の浄化が始まった最初の頃には毎夜起こります。まず今生の実際に起こった出来事やトラウマの記憶が夢として蘇ってきます。楽しかった夢、うれしかった夢などの良い夢もありますが、多くは嫌な夢、失敗した夢、悲しかった夢、苦しかった夢、懺悔の夢などの悪い夢です。

昔の親友の夢を見てしまうと、お別れの挨拶に来てくれたのかな？　とも思ってしまいますが、私の経験上、それが別れの正夢になったことは一度もありません。

昔の自分に戻って、その出来事や人間関係を再体験している夢もありますが、あぁ悪いことをしたな、悪口を垂れたなと懺悔の気持ちになると、尿意で目が覚めて、その夢から解放されます。そんな懺悔の気持ちに意識を向けて、トイレ後も、どうしよう？　明日連絡してみようかな？　まだ怒っているかな？　恨んでいるかな？　と考えてしまうと眠れなくなってしまいます。

もし、その昔の出来事や人間関係を、この世でリアルに出会って修復しなければならない場合は、夢ではなく、他の違ったリアルな形で、例えば相手から連絡してくるとか、同じシチュエーションの事件や人間関係に巻き込まれるといった形で再体験させられるはずです。

ですから、これは夢の解毒浄化だ、もうあの事件や人間関係は夢を見ることで解毒浄化されたのだから、これで良しとしよう、忘れてしまおう、にしてください。トイレに行ってジャーと水を流した時に一緒にその懺悔も水に流してしまいましょう。

え？　そんなことして良いの？

はい、良いのです。だから夢の神さまがわざわざ夢で見せて下さったのですから。

懺悔も不要です。意味の分からない夢のままでも良いのです。一度、夢で見ることで、潜在意識の奥に隠し持っていた記憶やトラウマが浮かび上がってきただけで、それは夢の神さまの手で、そのまま解毒浄化されて消されてしまうのですから。

今生の記憶とトラウマの解毒浄化が進むと、確かにその夢は今生の出来事で、そこに登場した友人たちや家族も、その夢の場面には居たけれど、今、夢で見ている状況には、今生ではならなかったはずだ、と気づいて尿意で起きてしまう夢が増えてきます。

それは今生の節目節目で生じた平行次元の自分の体験が夢として現れただけです。

例えば中学時代の修学旅行の夢で、確かにあの頃の親友たちと一緒に夢の中で騒いだり、はしゃいだりしているのですが、旅行の行き先が違う！　宿も全然知らない宿だ！　そんな事件は起こらなかったよ！　と夢が進んでいくうちに、これは今生ではない、現実ではない、きっと平行次元のもうひとりの自分なんだ、と気づかされます。

もしその夢を見ながら、これは夢なんだ、と夢を見ていることに気づければ、ゾクチェンの夢の修行に一歩踏み込めますが、多くの場合、何だか変な夢だな、でトイレに起きてしまうでしょう。

この場合も、見ていた変な夢はトイレで流してしまいましょう。あの変な夢の意味は何だったのだろう？　何を気づかせようとしたのだろう？　などと考えてしまうと、その平行次元と今のあなたの波動量子的な結びつきが強くなってしまいます。

その平行次元のもうひとりのあなたが最高に幸せで五次元覚醒へまっしぐら……なら、その結びつきを手繰ってみるのも一興ですが、ほとんどの場合、今のあなたが数多の今生の中でも最高！　なはずですから、夢に現れた平行次元のあなたは、その夢を見るだけで、そっと流して解毒浄化してしまう方が賢明です。

そんな今生の平行次元のあなたは、今のあなたと同じ性格をしていて、同じクセを持っています。例えば後回しにするクセ、陰口を言ってしまうクセ、お金や権力や名声に憧れているのに金持ちや権力者を強く批判してしまうクセ……。もちろん若い頃は持っていたけど、今では克服できたクセや思考パターンもたくさんあるでしょう。

もし、もう私はブランド志向は卒業しました！　学歴学閥の無意味さを痛いほど思い知りましたと思っていても、そんな昔のクセは燃えカスとなって、あなたの心のどこかに溜まっていることもよくあります。

この平行次元の夢は、そんな昔のクセの燃えカスも綺麗に吹き飛ばしてくれます。もし、まだそのクセに火種がくすぶっていれば、夢を見て、そのクセに気づくだけで、火種にバケツで水をかけたように完全に消し去ってしまえます。

時には平行次元の未来生が夢に現れることもあります。未来生の夢は、残念ながらファンタジーであったり、平和であなたも皆も幸せいっぱい！　な夢はとても稀で、多くは近未来の悲惨な夢ばかりです。仏陀さまが予言した仏法末世な世界を一種のショック療法として垣間見ることで、このままではダメだ！　と諸毒の排毒浄化と我欲とエゴと煩悩の解毒浄化に本腰を入れるきっかけとなってくれれば……と守護神さまが夢の神さまに懇願された時に、そんな悲惨な未来生の夢が見えます。

その末世に向かうのか？　まったく別の幸せな未来へ向かうのか？　は、その夢で何かに気づき、今生の舵をどちらに向けて大きく切るのかで決まってきます。運命に身を任せるのではなく、運命を自らが切り開くのです。そのための斧とシャベルが夢の気づきです。

もしその気づきが見当違いだったら、また別の夢が新たな気づきをもたらしてくれます。もしその気づきが弱々しければ、また別の夢がもっと頑丈な気づきをもたらしてくれます。

それらは同じような未来生の夢だとは限りません。自分が出てこない、全く他人ばかりの夢であることもありますが、あなたのための気づきは、ちゃんとその夢の主役で現れています。

もし夢の修行中に悲惨な未来生の夢を見てしまっても、トイレに起きた時に、その夢ごと水に流してしまいましょう。布団に潜り込んでも、あの夢の意味は？　神さまからの預言かしら？　もうこの世は終わりなの？　などと考え込んでしまうと、やはりその悲惨な未来を波動量子的に引き寄せてしまいます。一旦棚上げするのではなく、そのまま水に流して忘れてしまいましょう。だから夢だったのです。夢ほど忘れやすいものはありませんから。

夢日記のように、その場でメモするのもいけません。もしどうしても、それがあなたに必要なメッセージや気づきなら、翌朝目覚めてからも、神々は様々な形でリアルに同じメッセージや気づきを促してくれるはずです。

未来生は、とても強く今のあなたを呪縛してきます。それが最高に幸せな未来生ならば、まったく問題はありませんが、もし仏法末世な未来生ならば、神仏を切り捨てるように、その未来生も即座に断ち切ってしまってください。

　夢の解毒浄化が更に進んでくると、自分の過去生も夢として現れてきます。髪も肌も性別もまったく別人の夢ですが、なぜかそれが自分だと納得したまま夢を見ています。波瀾万丈な過去生の中の、とてもスリリングな場面が見えることは少なく、多くは町で買い物をしていたり、畑を耕していたり、家で家事をしていたり……の夢です。ですから、見えた夢から何か重大なことを気づくことは滅多にありません。その過去生の夢の中で、今生での家族や親友が出てきたことで、一緒に輪廻転生を繰り返している仲間なんだな、と気づく程度です。

　そんな自分の過去生の夢も、ただ見るだけで何かが解毒浄化されて消えてしまうので、見ただけで、すぐに忘れてしまいましょう。

　身心頭魂に溜まった諸毒の排毒浄化が完了すれば、我欲とエゴと煩悩の解毒浄化に必死に取り組まなくてはいけません。この過去生の夢の浄化は、そんな我欲とエゴと煩悩の解毒浄化の一環として起こります。

　何かに気づいて我欲とエゴと煩悩を手放していくプロセスも夢を見ることで起こりますが、多くは過去生の夢を見るだけで自動的に我欲とエゴと煩悩の解毒浄化が起こります。特に夢で何かに気づいたわけではないのに、何となく我欲とエゴと煩悩が少しずつ減ってきたような気がします。

例えばクリスマスやボーナス時期になると、あれほど煌びやかにデコレーションされた店々を見て歩くのが好きだったのに、何だか今年はもう興味がなくなってしまいましたとか、若い異性につい目が行ってしまっていたのに、もうそんな性的興味は消えてしまいましたとか、いつもの通勤路にお地蔵さまが祀ってあることは知っていたけれど、最近わざわざ立ち止まって手を合わせている自分にビックリしています……そんな何かがリアルに現れてきます。

我欲とエゴと煩悩の解毒浄化は、気づきや智恵で羽交い締めするようにして行うものではなく、ゆるやかに、でも着実に、秋の紅葉が一枚一枚散っていくように日々の生き様の中で現れてくるものなのです。

過去生の夢の浄化は、今の自分が担っている輪廻転生を浄化してくれます。過去生から数珠つなぎに膨らんできたカルマに、ひとつの過去生の夢を見ることでハサミを入れることができます。糸が切れた輪廻から数多のカルマがこぼれ落ちてきますが、夢の中だからこそ、バラバラになったカルマたちは無の渦の中に吸い込まれて消えてしまいます。

輪廻で数珠つなぎとなっているカルマたちにハサミを入れることは、座禅や瞑想やヨガ、様々な心理療法でも比較的簡単に行えます。しかし輪廻からこぼれ落ちたカルマたちを放置したままでは、すぐにカルマは無数の矢と化して身心頭魂に突き刺さってしまいます。一本の矢から、さらに多くのカルマが生まれ、前よりももっと重く強靭な輪廻で魂を何重にも包み込んでしまいます。

般若心経に説かれた空と無の世界を受け皿として用意した上でないと、数珠つなぎのカルマたちにハサミを入れてはならないのです。

空性に一度でも至れば、意識していなくても、意識できなくなってしまっていても、内なる空性は、常に太陽のように魂と意識を照らしています。そして、その空性は必ず無の世界と共に居ます。

無のない空はあり得ません。もちろん空のない無もあり得ません。

しかし無は空にはならず、空は無と合一することはありません。

空と無は二元性ではありません。オセロの裏表でもありません。例えば、空が快晴の青空のようであったとしても、無は決して大地に穿《うが》かれた底なし穴のようではありません。空が無限無窮で自由自在な何かだとしても、無は決して何でも完全に焼却してくれるゴミ箱ではありません。空と無は不二だと表現するのが最適とは言えないまでも、理に適っていると思います。

過去生の夢は、今の自分とは関係のない誰か他人の夢のお話です。それで今の自分のカルマが浄化され、輪廻から外れていくことができるのですから、??な夢を見たら、あぁまたひとつ、私のカルマが浄化されたのね、と感謝の合掌を捧げていただくと夢の神さまにも大いに喜んでいただけます。


やがて過去生の夢見が再び現代の夢見へと変わってきます。でも、もう今生の自分と平行次元の自分とは無関係な夢ばかりになってきます。

夢の内容が自分の気づきや懺悔に繋がることもありますが、ほとんどが、なぜこんな夢を私が見なければいけないの? な夢ばかりです。そしてトイレに起きてしまったら、もうすぐに忘れてしまう夢ばかりです。

これは夢の修行の次のステップ、見知らぬ誰かの夢を見てあげて、その人の我欲とエゴと煩悩の解毒浄化を手助けしてあげている夢見です。あなたの夢の浄化もいよいよ上級に入り、衆生救済の練習が始まった証です。

あなたがひとつ、訳の分からない、あなたとは無縁な夢を見ることで、無関係の誰かに我欲とエゴと煩悩の解毒が起こるのです。これは夢を介してできるあなたの廻向です。夜中、何度もトイレに起きて、見ていた？？な夢を水に流すのは、とても面倒です。不思議と睡眠不足にはなりませんが、よく眠れなかったという思い込みがあると睡眠不足症状が出てしまいます。

このいつまでも続く廻向の夢見のステップに入ると、日中の意識がとてもクリアになってきます。雑念の湧き出しが緩やかになり、集中力が一日中高まったままでいられます。創造力や企画力、作業能率も高まります。以前よりも神々との繋がりが太くなったように感じられます。不思議な縁がとても繋がりやすくなってきます。何より自分の我欲とエゴと煩悩も、どんどん解毒浄化されているのが実感できます。

廻向の夢見のステップに達しても、夢の神さまと導師からのレクチャーを一晩中授かる夜もありますし、自分の今生と過去生の夢から何かに気づかせようとする夢ばかりを見る夜もあります。もう卒業したのではないですか？　と思ってしまいますが、その夢の中に潜んでいた気づきは、確かにとても今の自分にとって大切な気づきであったことに驚き、深く納得させせられてしまいます。

これまでの夢の修行の中で、気づいたこと、目覚めたこととの復習ドリルのような夢が続く夜もあります。それは気づきを智恵へと昇華させる神意が見え見えの夢のドリルです。この夢のドリルは抜き打ちで来ます。夜、眠ってみなければ、ドリルなのか、レクチャーなのか、夢の浄化や廻向なのか、は分かりません。ただ難しいレクチャーが続いた後には、この夢のドリルの夜を入れて下さるようです。

怖い夢、悲し過ぎる夢、腹立たしい夢……悪夢は夢の修行にはほとんど出てきません。悪夢の方が深い反省と懺悔を生起しやすくはなるでしょうが、その場しのぎの方便のような気づきで終わってしまいがちになるからです。

夢の神さまは本気です。いい加減な気づきなど問答無用で切り捨てられます。これは夢の修行です。誰でも始めることはできますが、身心頭魂が食毒、電磁波毒、香毒、薬毒、愛の毒に染まったままでは門前払いされてしまいます。我欲とエゴと煩悩に溺れたまま、この世を狂喜乱舞しているようでは、夢の修行の扉は開きません。

しかし余命わずかの死病に陥った人が一念発起して、諸毒の排毒浄化を徹底して行いながら、我欲とエゴと煩悩の解毒浄化にも努めて、日々、夢の神さまに帰依と廻向を念じれば、この夢の修行も急ピッチで進んでいくことでしょう。

ただし死病を患っている方々の多くは、抗ガン剤だけでなく向精神薬や睡眠薬を服薬しています。ひどい薬毒汚染のままで夢の修行を始めると、おどろおどろしい魔界波動に冒された悪夢に次々と襲われる危険性が大です。

すでに魔物に強く憑依されていたり、魂が身心頭から逃げ出してしまっていたりすると、夢の修行が重度の意識不明や認知症をもらたしてしまう危険性もあります。

チベット死者の書に描かれているような中陰《バルド》に彷徨っている意識体に夢の修行を導引すると、猛烈な今生の懺悔が繰り返し襲いかかってきて、かろうじて生きながらえている身心頭をも一気に破壊してしまう恐れもあります。

それでも意識が魔界に囚われることがなく、身心頭の大破壊に耐えきることができれば、死病は消え去り、生まれ変わることもできるでしょう。しかしそのプロセスを片時も離れず導ける導師が果たして今のこの世にいるのか？　が一番の難題です。

2　夢中覚醒

このように様々な形で夢の浄化は進んで行きます。

この夢の浄化は、我欲とエゴと煩悩を浄化していくプロセスなので、そのまま毎夜、ただ夢を見るだけでも構いませんが、夢の修行としては、それは最初の一歩に過ぎません。やがて夢の神さまから、夢の修行の次のステップに進むように諭される時が来ます。これまでは、ただ夢を見るだけで良かったのですが、次のステップになると、夢を見ながら夢を見ていることに気づくことが求められます。

今まで通り様々な夢を見ながら、これは夢だ！　と夢の中で気づくステップです。トイレで目覚めた時に、あぁこれは夢だったんだ、ではNGです。夢の中で急にトイレに行きたくなって、トイレに駆け込む直前に、？？　これは夢だな！　と気づくのはギリギリセーフです。子供の頃はトイレの夢＝オネショでしたが、大人のあなたは大丈夫！なはずです。

この「夢を見ながら夢だと気づく」のは、なかなか手強いステップです。意識がハッキリしたまま夢を見ていても、その夢の中にドップリと意識がはまりこんでしまっているので、これは夢だぞ！　と思う意識の余裕がありません。

日常生活では、あれほど頻繁に左脳から、我欲とエゴと煩悩から、意識の中に数多の横やり発言が飛び交ってきているのに、夢の中では、そんな横やり声は聞こえてきません。

夢の中の自分は普段のクセの通りに、我欲とエゴと煩悩のままに、夢の中で行動していることが多いでしょう。

時には、今の自分ならこんなことはしないな、と思える行動を夢の中の自分がすることもありますが、それでも「これは夢だ！」と気づかずに、ただ漠然と夢に流されてしまうか、夢がぼやけてトイレに起きてしまってから、あぁ変な夢だった……で終わってしまいます。

入眠前に、「よし、今日こそは夢だと気づくぞ！」と様々な手法を用いながら眠っても、結局いつものように夢を見ただけ……で終わってしまうことも多いでしょう。

夜は必ずやって来ます。そして誰もが必ず眠ります。眠れば夢を見ます。だから諦めずに根気よく、この夢の修行を楽しんでください。うまく「これは夢だ！」と気づけなくても、夢は着実に、あなたの我欲とエゴと煩悩を解毒浄化してくれているのですから。

この夢だと気づくステップを続けていると、日中の目覚めている間の意識に飛び込んでくる我欲とエゴと煩悩の横やりの声が少しずつ減ってきたことに気づけるかもしれません。こころが落ち着く、意識が静かになってくる感覚です。夢の中では我欲とエゴと煩悩の声が聞こえてきませんが、それが目覚めた後の日中も続いている感覚です。

この日常生活の中での意識の冴えと静寂感を実感できるようになった頃、夢の中で「これは夢だな」とかすかに気づけた感覚が持てるようにもなってきます。

それは何日かのたくさんの夢の中のたった一回だけかもしれませんし、トイレに目覚める少し前に「あぁ夢だな」と気づける程度かもしれませんが、それでも大進歩です。翌朝目覚めた時に、何となく夢だと気づけたような……そんなあやふやな記憶しかありませんが、夢中の覚醒の始まりとはそんなものです。

やがて夢だと気づきながら、そのままその夢のシナリオを楽しんでいる自分に気づくこともあるでしょう。夢にドップリとはまり込んでいるのは以前と同じですが、今は映画を観るように、夢をちょっと客観的に、しかし主人公の自分に入れ込んで見ている感覚になります。時には少しフィルムを巻き戻すように夢を巻き戻して、ある場面をもう一度見ながら、何かに納得していることもあります。

この夢の中で夢だと気づけるようになれれば、日中の様々な出来事も、この世の事件も、家族の言動も、すべてが夢のように感じられてくるようにもなります。それは善悪、損得、我利利他とは無縁に、フッと「これも夢と同じだな」と思えてくる感覚で始まります。

夢の中で、これは夢だと気づけるようになったら、何がどのように変わるのでしょうか？

睡眠不足にはなりません。逆に日中の意識が以前よりも冴えてきます。食事やスイーツによる血糖の上下に意識が翻弄されなくなります。

交感神経過緊張な意識の高まりや喜怒哀楽の感情反応がなくなり、ワンランク上の平常心を保てるようになります。

天地自然の理をより身近に感じ取ったり、森羅万象とのコミュニケーションがより明瞭になってくるので、創造力や企画力が一皮むけた感じになります。

作詞作曲、執筆、絵画、工芸制作などの創作力が高まり、天空から降ってくる感覚、神仏に書かされている感覚を実感しやすくなります。

肉体的にも疲労を感じにくくなり小食で十分になります。身体に悪い食材は食べられなくなります。新陳代謝が活性化されて肌艶や髪が若返ってきます。元気な気持ちが続き、少々ムリしても元気のエネルギーはなくなりません。

食欲、性欲、睡眠欲はゼロにはなりませんが、それらに意識が翻弄されることはなくなります。睡眠欲は減りますが、眠ろうと思って横になれば、すぐに寝入ってしまえます。

性欲も減退したのではなく、ちょっと次元が変わったなという感じで、我欲とエゴと煩悩に牛耳られた性欲とは袂を分かちます。

逆に飲食も性交も魂の伴侶と楽しむ際には思いっきり楽しめます。生きる喜びを満喫できるようになるのです。

五次元覚醒しても、それは意識の片隅の話だけで、身体も心も頭の思考も五次元化を実感できないままの人たちがとても多かったのが２０２１年末の特徴でした。

しかし夢の修行でここまでやって来ると、身体と心と頭の意識も何らかの形で五次元化を実感できるようになります。特に身体や心に病を抱えている方々は、病状の改善を実感できるはずです。それは病巣の画像診断や血液検査の改善という目に見える形かもしれませんし、心の軽さや爽快感、思考のクセの改善などの精神的な改善かもしれませんが、夢の修行は身心頭の病に何らかの改善をもたらしてくれます。

3　夢の創造

夢の中で、いつもこれは夢だと気づけるようになれたら、次の最終ステップに入りましょう。

それは夢を自分の意識で自由自在に操るステップです。夢の中で空を飛んだり、遠い場所へ瞬間移動したり、海の上を歩いたり……何でも思いのままに夢を操って遊んでみてください。

夢の中の自分を憧れのスターのような姿にするのも良し、中東の大富豪になってみるのも良し、世界的な大冒険家となってインディージョーンズばりの波瀾万丈な日々を楽しんでみるのも良し、天国のような愛と幸せいっぱいの世界でのんびり暮らしてみるのも良し……数カ月間は楽しくて仕方ない夜が続くことでしょう。

もちろん悪夢に変えることもできます。この世の滅亡も思いのままに創造できます。世界中の人々が死に絶えても自分だけ生き残ることだってできます、自分の夢なのですから。

あなたはいくつ、今の世界の滅亡を創造できるでしょうか？

そして目が覚めたら、その夢をなるほどなと思うのか、まさかなと思うのか、でもひょっとしてと思うのか……そこからも夢の学びが得られます。

その滅亡の夢の視点に立って、この世を俯瞰してみると、これまで見えていなかったもの、スルーしていたこと、巧妙に隠されていたものが見えてくることもあります。

そうやって、あなたがこの世の滅亡シナリオのひとつを見ることによって、その滅亡は一歩この世の現実から遠ざかっていきます。仮にあなたが隕石の衝突でこの世が滅亡する夢を見たとしましょう。そしてあなたは夢だと気づいたけど、隕石の衝突を受け入れて人類が滅亡するビジョンを、あまり深刻にならないまま見続けたとします。そのあなたは意図して、その滅亡の中にいた自分を消し去って、神の目になって滅亡シーンを見ています。隕石が近づくと人間たちはテンヤワンヤの大騒ぎをしています。

あなたはどんな気持ちで地上を見下ろしていますか？　哀れだな、愚かだな、ざまを見ろ！　でしょうか。夢の中で、これは夢だと気づき、その夢を自由自在に操れるようになったからこそ、夢の中での自分の感情を感じ取ることもできるようになっています。その感情の中に、自分の奥深くに潜んでいた我欲とエゴと煩悩が浮かび上がってきています。だからといって後悔したり深く反省したりする必要はありません。夢は我欲とエゴと煩悩を解毒浄化するのが仕事ですから、あぁまだこんな感情が残っていたんだな、とチラッと思うだけで、その感情と結びついていた我欲とエゴと煩悩は解毒浄化されていきます。

空を飛ぶ、瞬間移動するなどのたわいもない創造も、やはり我欲とエゴと煩悩を炙り出してくれます。夢の中に出てきた車や腕時計やバッグを最高級品に変えてみた。旅行先を宇宙旅行に変えてみた。パートナーを人気絶頂の俳優に変えてみた……。夢の中ではご機嫌でしたが、目が覚めたら、どこかに違和感や倦怠感が残っていませんか？

そこに我欲とエゴと煩悩が潜んでいます。そういった我欲とエゴと煩悩の解毒浄化を夢の創造の中で繰り返していくと、次第に夢を書き換えるネタがなくなってきます。それでも夢は毎夜続きます。そんな夢の中で、フッと夢の中の自分に、これまでの我欲とエゴと煩悩からの声や閃きではない、何かまったく別の声や閃きが降ってくるようになります。その声や閃きの主は誰でしょうか？

それは自分の魂の声かもしれません。守護霊の声かもしれません。神々の声かもしれません。

でも夢の修行でここまで来たのですから、その声は空性からの声であることがほとんどです。この空性の声に気づけると、空と無の世界から簡単に空性に達することができるようになります。

更に空性に何度も達するようになれれば、その声は光明の境地からの誘いの声にもなります。

光明の中には仏陀さまがおられますので、その誘いの声は仏陀さまの声そのものだとも言えます。

仏陀さまとは空と無の世界でも、神々の神界でも、親しくお話をすることができますが、やはりこの光明の中におられる仏陀さまの声は、格別に崇高なエネルギーと智恵に満ち溢れています。

夢の中で、この光明からの声に耳を傾け続けることができるようになると、時々、仏陀さまがその教えを直に説いて下さることもあります。その時、夢で見えていたビジョンが消えて、仏陀さまの声だけになることがあるのです。そのレクチャーに必要ならば、映像や文字のビジョンも見せて下さいます。その際、自分の意識はハッキリしていますが、左脳的に分析したり考えたりすることはもうできません。まるで仏陀さまが語って下さっているお話の録音機になったような感じになります。夢の中で、このお話を絶対に覚えてお

4　埋蔵経典《テルマ》

こうと念じると、翌朝になってもちゃんと覚えています。

仏陀さまは「これがテルマだよ」と嬉しそうに仰いました。

テルマとは、古の聖者たちが後の世の適切な時に発掘できるように、地中や弟子たちの心の中に埋蔵した霊的な宝物で、仏像や経典巻物のビジョンであることもありますが、霊感として心の中に顕れる言葉であることも多いです。

埋蔵経典の多くは、ターラ樹の葉や絹布や青い漆塗りの紙に、金、銀、銅、鉄、孔雀石などの鉱物性インクで書かれており、金箔で裏張りした箱、陶器や石の器、骸骨や宝石の中に納められたと伝承されています。その数は大部経典１０８巻、仏像１２５体、密教の五つの秘訣の他、仏教とポン教の聖典、医学や占星術や美術工芸の書、発掘者のための財宝や呪術に使う武器、食料などを合わせると一千万にも上ると言われています。それらの財宝は、パドマサンバヴァさまがチベットに仏教が広まることを妨げていたタルパナクポという悪魔を調伏した際に、悪魔の身体と心から現れました。

古の聖者たちがチベットの地が将来、占領破壊されることを予知して、数々の聖典や経文を埋蔵したとも言われています。世界中で有名になった「チベット死者の書」も代表的なテルマのひとつです。

「すべての経典を同時に探し出すことはできません。埋蔵経典は人類の進化に必要な時に、ひとつずつ発掘されます。そして今こそが末世であり進化の時です。私の言葉をこの世の人々に伝えて下さい」と仏陀さまは仰いました。

「難しい解釈は要りません。ひとりひとりが思うままに、感じるままに私の言葉に向きあって、触れあって欲しいのです。そして、あぁそうなんだと思ったら、それを実行して下さい。難しくはありません。ただ無邪気に、素直に、今のあなたのままでやってみて下さい、最後に廻向も忘れないで下さいね」と合掌されました。

今、仏陀さまの言葉を発掘する埋蔵経典発掘者《テルトン》たちが世界中の至る所に現れたそうです。元の宗教観によって、それはイエスさまの声、シヴァ神さまの声、アッラーの神さまの声、パドマサンバヴァさまの声……様々な声で発掘されますが、内容はまったく同じだそうです。

聖職者や熱烈な信者ではない市井の人々にテルマが託されることがほとんどですが、これは「ただ無邪気に、素直に」が神々からテルマ発掘の天職を託される大きな選択条件だからだそうです。「王族と資産家と所有物に執着する者は発掘者にはなれない」とパドマサンバヴァさまも仰っています。

これまではテルマを託された市井の人々の多くは、テルマを幻覚妄想だと片付けてスルーしてきました。それでも神々や聖者たちから「この人こそ！」と特に注目されると、何度もテルマが夢に現れることもありました。時には白昼夢のようにテルマが脳裏に溢れることもありました。

我欲とエゴと煩悩が燃えたぎった先進諸国では、「この人こそ！」と神々らに選ばれた人たちは、遅かれ早かれ精神病院に入れられ向精神薬漬けにされ続けてきましたし、恐怖と畏れと憎しみに支配されている社会では、魔女や悪魔憑きにされて社会から排除され続けてきました。

時には新興宗教の教祖となったり、政治経済の指導者となったりする自称「この人こそ！」も現れましたが、さまざまな資料を紐解いてみても、その言動のどこにも神々や聖者の息吹は感じられませんでした。そこに、なぜテルマを託される人々は市井の名も無き人々なのか、の神意が読み取れます。

しかし２０１８年以降、そんな「この人こそ！」と選ばれし人々が向精神薬漬けにもならず、魔女にもされず、授かったテルマをこの世に伝え始めています。

そんな人たちは、どんなに向精神薬を飲まされても、まったく薬効も副作用も出ませんし、明らかに神々に護られているのが分かる不思議な事件が頻発しています。この世から隔離されているかのように閉じこもっていても、上手くネットを利用しながら授かったテルマを日々発信しています。そのテルマが必要な人々には必ず届いていることからも強い神意を感じ取れます。

テルマは文字だけではありません。今はむしろ絵やメロディー、料理や編み物などであることの方が多いでしょう。それを見た時、聞いた時に、ピーンと何かが脳裏に浮かぶ形でテルマが伝わっていきます。

このテルマは、日々の瞑想や夢の修行中にも現れることがあります。ゾクチェンの瞑想や夢の修行には導師が必要だとされていますが、日本でリアルな導師に出会うことはとても難しいです。新興宗教の教祖と弟子たちや有名なメンタリストなどに鴨にされてしまわないように用心しなくてはいけません。

しかし大丈夫です。あなたが「ただ無邪気に、素直に」神々や天地自然に向きあっていれば、瞑想や夢の中で、あなたにとって最高の導師が現れるはずですから。

今、こうやって書いている「地蔵医学」の中にも授かったテルマがちりばめられています。もちろんチベット語やサンスクリット語ではありませんが、日本語で良いのですよ、と仏陀さまも仰っておられました。

5　夢の魔性

①夢の中で、これは夢だと気づく。
②夢を好きなように創造する。
③夢の中で神々と対話したり、スキルアップを授かる。
④導師に空性と光明の境地へと誘われる。

①～③は明晰夢やドリームヨガと同じです。④はゾクチェンだけでなく、解脱の境地を目指している仏教徒たちには、宗派を超えて大切にされています。

明晰夢の見方と楽しみ方を解説した本もいろいろあります。明晰夢を見ることを目標とするなら、それらのハウツー本の手法で良いでしょう。ただし夢と現実の区別、何が夢で何が現実なのか？　がとても曖昧になってきて、悟りの境地に達した気分になったり、すべてが空虚で自我さえ消し去りたくなってしまったりする危険性もあります。

夢を見ている時、その人の自我はとても自由ですが、同時に無防備です。夢を支配できる薬剤を用いれば、簡単に洗脳できてしまいます。

明晰夢を見続けていると、その明晰夢の世界にどんどん呪縛されていってしまいます。この世を厚く覆っているデジタル映像や音楽、ニュース情報と知識に冒されて、すでに「起きているのに夢見ている」状態のまま、誰もが何重にもがんじがらめに呪縛されてしまっています。今日のニュースはもちろんのこと、目の前の出来事、今夜の夕食さえ本物かどうか？　が分からなくなってしまっています。頬をつねってみて痛かったから本物だ！　とさえ言い切れなくなってしまいました。

２０２０年春、コロナ騒動で世界中の工場と物流が止まった時、瞬く間に「インド北部から２００キロメートル以上離れたヒマラヤ山脈が見える」ほど、この世の空気は清浄化されました。数十年前までのヒマラヤが見えていた現実と、酷く大気汚染されていたコロナ直前の現実と、どちらが本物で、どちらが夢なのでしょうか？　どちらも本物だと言い切れますか？　どちらも夢かもしれませんよ。

明晰夢を見ようとするのであれ、ゾクチェンの夢の修行をするのであれ、夜の夢に本気で向きあい始めると、このように夢と現実との境目があやふやになってきます。

これが夢の魔性です。

夜の夢の中で目覚めていても睡眠不足には決してなりません。朝、目覚めても意識ははっきりとしています。その「意識ははっきりとしている」状態が、明晰夢や夢の修行を始める前とは、何だか別物のようにも感じられます。

以前よりも向きあっている現実を腰を据えて、客観的に、もっとはっきりと見ている感じがしてきます。見えている現実の表面だけでなく、まるでそれを透視しているかのように、その本質さえも見えている感覚です。

全ては嘘だ！　虚像だ！　と声高に騒ぎ立てはしません。嘘と本物など、もうどうでもよくなっています。目の前のそこに、そういう形で、そういう波動でいたいのだね……うん、それも良しだよ、と容認しています。

あるがままに、素直に認める。そこに在ることを許す。

この大海のように凪いでいる自分世界に波風は立ちません。自分も誰かに、何かに、同じように、そこに在ることを許されているのですから。

私は神々がそこに在ることを許しています。大宇宙がそこに在ることも許しています。今のこの世の人たちも、そこに存ることを許そうとしていることを私の中で知ってしまいました。だから、この地蔵医学を書いている私がここに在るのです。

この本を読まれる方々も、きっと同じです。

あなた自身がここに在ることを許したから、それはイコールこの世の人たちが同じここに在ることを許したことになります。

すべての事象と森羅万象がここに在ることを許したので、もうやるべきことはただ一つ……それが廻向です。

ここに在ることを許した瞬間、菩提心は見事に発しました。もうやるべきことは廻向しか残っていませんが、それで良いのです。

空と無の世界から空性へ、そして光明の境地へと至れば、その先がないのと同じです。

仏陀さまは光明の中で、ずっとあなたと私がやって来るのを待ち続けて下さっていました。だから廻向こそが仏陀心であり、仏陀心は廻向なのです。

これも夢の魔性です。

仏陀さまもイエスさまも、すでにこの末世たる世界に何回も転生されています。長い人類史で繰り返してきたように、まず肉体を持って転生されましたが、やはりどの時代でもそうだったように、罵倒され、辱められ、傷つけられて、最後はボロ雑巾のようになって天空へ帰ってこられました。

これは予想通りで、「熱心に私の再来を祈願されていた人たちのために人間に降りたのです」と仰っていましたが、熱心に再来を望んでいた人々こそが再来したお二人に罵詈雑言を浴びせかけ、最後のとどめを刺したことは語られませんでした。

これからはいよいよ本格的に、この末世に苦悩する人々の夢の中に転生されるそうです。夢ですから、この人が仏陀さまだ！　と分かる姿で現れることも容易です。

すでにこの末世を支配する魔物や魔神たちが神仏に化身して、人々の夢の中に現れているので、神対悪魔、善対悪の戦いが、ひとりひとりの夢の中や意識の中で繰り広げられることにもなります。

それは輪廻転生の中で、ずっと二元性に支配され続けてきた自我を解放するためには避けては通れない戦いですが、善である神が勝ったとしても、心身の難病奇病に陥ってしまう危険性があります。悪である魔神が勝ってしまうと、急にあらゆる運気が大フィーバーしてしまうかもしれません。それも良し！　ですが、もう魔界の虜になってしまうでしょう。

さぁ夢を見ましょう。何も恐れる必要はありません。

夢は毒を排毒浄化してくれます。

夢はあなた自身が何者なのかを思い出させてくれます。
夢は神々とも大宇宙とも繋げてくれます。
夢は空性と光明の境地への入口となってくれます。
何より夢は、夢をもたらしてくれるだけでなく、その夢を具現化してくれます。
これからは、もっとあなたの夢を楽しんでください。

第三章　覚醒と光明

1　廻向

どんなに医学が発展しても、病は減るどころか、新手の病が次々と現れてきます。コロナ騒動がその最たるもので、マスクに手洗い、自宅に引きこもりワクチンを打っても、コロナは高笑いしながら世界を席巻し続けました。

ガンや心臓病、脳卒中にも、画期的！　な治療薬が次から次へと患者さんたちに投与され続けていますが、なかなか根治には至りません。

病になると自己中心的になります。

病になる前は、どんなに聖人君子であったとしても、いざ死病を背負えば我欲とエゴと煩悩が噴き出してきて、気がつけば我利我利亡者と化してしまいます。

人間は誰でも死ぬのが最も怖い。

なぜなら実際に死んだことがまだないから。死がどういうものなのか分からないから。

身心頭魂のどれが最も死を恐れているのでしょうか？

魂は死をまったく恐れてはいません。死が魂の内なる空性と光明を侵すことはあり得ません。どうせ次もまた、どこかの誰かに輪廻転生するのだろう……魂にとって死とはその程度のものです。

　頭の意識はどうでしょうか?

　実は死を最も恐れているのは頭の意識です。死の情報を集めて左脳的に分析してみても、完全には納得できません。もっと情報を、もっと詳細に分析を……と焦れば焦るほど暗黒迷宮に迷い込んでしまいます。左脳がオーバーヒートすると、何かの教祖様や殺戮ゲームに意識を丸投げしてしまいます。ジタバタしていても、何かに丸投げしてしまっていても、頭の意識は極めて自己中心的であり我利の塊です。

　心も死を恐れてはいます。しかし左脳のように何とか死を理解して、死を支配したいとは思ってはいません。死にたくはないけれど、死は仕方ないものだと諦めています。悲しいけれど仕方ない。怖いけれど仕方ない。嫌だけど仕方ない。これも自己中心的で我利一辺倒ではありますが、死ぬまで俯いてメソメソ泣いているだけの我利に過ぎません。

　身体は死を恐れてはいません。身体は絶えず新陳代謝しながら、生老病死の理の中央にどっしりと坐しています。例えば……僕は新車として生まれた。ドライバーはこの魂さんだ。いろいろなところに行った。この魂さんは車庫入れが大の苦手で、よくぶつけてくれた。雪道は危ないよと忠告したのに急ブレーキを踏んで大破寸前になったこともあった。

やがて年月が過ぎて、僕はもう走れなくなった。魂さんは僕を廃車にして、新しい車を買った。僕はバラバラに解体されて、もう僕ではなくなったけれど、あの魂さんは新しい車で今日もドライブしていることだろう。もう僕はこの世にいないけれど、またいつかスプーンや掃除機や自転車の僕になって現れる。生と死なんて、そんなものさ。

身体がどっぷりと浸かっている生老病死の理には、我利も利他もありません。

身体の声が聞こえるようになった皆さんは、自分の身体が老いも病も死もまったく恐れていないことに驚かれます。

身体は、当たり前に生きて、当たり前に老いて、当たり前に病や苦痛を負って、当たり前に死んでいきます。車のように洗車&ワックスしたり、メンテナンスしたりすると喜んではくれますが、我利や利他とは無縁のものです。

病は身体と心に現れます。身体に溜まった食毒、電磁波毒、香毒、薬毒、愛の毒を排毒浄化していけば、身体の病は完治していきます。心に溜まった我欲とエゴと煩悩が放つ毒を解毒浄化していけば、心の病も完治していきます。

ただ、それでも治らない病もあります。

治ってはきてはいるものの、治癒のスピードが遅遅としていて、残された体力と生命力の方が先に消えてしまいそうな患者さんたちも実際におられます。そんな場合には、頭の意識が病の元凶となっていることも多いのです。「死にたくない」が何時しか、「病と向きあいたくない」となり、遂には「治りたくない」になってしまっているのです。

我利我利亡者と化した意識にいくら「死は怖くないですよ」と諭しても馬耳東風です。「証拠を見せろ！　エビデンスを示せ！」と吠えるだけです。

そんな我利我利亡者の意識に効果が期待できる瞑想法があります。それがチューの瞑想です。このチューの瞑想は自己執着心を粉々に切り刻んでくれます。つまり我利の世界に隕石を落として粉々にしてしまうくらいの効果が期待できるのです。

ゾクチェンのチューの瞑想

このチューの瞑想は、チベットで最も有名な女性密教行者マチク・ラプドン様が生み出しました。ゾクチェン・ニンマ派のロンチェン・ニンティクの加行にも組み込まれていて、チベット仏教圏だけでなく欧米でも人気の高い瞑想法です。ここに記する際、空性でマチク様をお呼びして承諾をいただきました。その際、日本人に合うように変えるお許しもいただきました。私が使っているチューの瞑想誘導をご紹介しましょう。

準備

身体が落ち着く坐蒲を用意します。イスでも、壁にもたれても、寝転んでも、結跏趺坐でも構いません。部屋はできるだけ暗い方が良いです。

1　目を閉じます。ゆっくりと呼吸します。息を吐く時に身心頭魂の全ての毒を吐き出します。息を吸う時に宇宙の全ての愛を吸い込みます。真っ黒な煙をどんどん吐き出します。眩しく輝く愛の光を吸い込みます。

2　あなたにとって今一番落ち着けて安心できる安全な場所を観想します。そこにあなた自身が立っている姿を観想します。

3　足下の地球の中心から熱いマグマがどんどんと上ってきて、足の裏からくるぶし、すね、膝、太もも、腰、お腹へとマグマが流れ込んでくるのを観想します。下半身が温まってきたのを感じ取ります。

4　宇宙の中心から愛と喜びのエネルギーが降り注いできて、頭のてっぺんから顔、目と耳と鼻と口へ、喉と首へ、そして胸へと流れ込んでくるのを観想します。

5　あなたの真ん中で地球のマグマと宇宙の愛と喜びのエネルギーが触れあって新しい宇宙がビッグバンして生まれ、広がり、すぐにあなた自身のすべてが大宇宙となったのを観想します。あなたのすべては完全に浄化されて、新しい大宇宙に吸い込まれ消えてしまいます。

6　十方を見渡すと、森羅万象すべてがあなたを包み込み守ってくれています。さぁ安心してすべてを大宇宙に委ねましょう。

7　あなたの目の前の安全な場所に、お地蔵さまが現れます。あなたを手招きして、ついて来なさいと合図しています。そしてどんどん進んで行きます。あなたも遅れずについて行きます。

8　深い森の中に入って行きます。あたりが暗くなっていきます。お地蔵さまは何も語らず黙々と森の奥へと進んで行きます。

9　やがて森の奥に明かりが見えてきました。松明です。すでにたくさんのお地蔵さまたちが集まっています。あなたを導いてきたお地蔵さまが立ち止まり、あなたの方を向きます。その瞬間、お地蔵さまが墓石に化身しました。墓石には今のあなたの名前がクッキリと刻まれています。これは今のあなたの墓石です。集まっていたお地蔵さまたちも次々と墓石に化身します。どの墓石にも様々な文字で名前が刻まれていますが、どれもあなたの過去生での名前であることを、あなたは知っています。

10 墓石たちが一斉にあなたに向かって叫び始めました。「捨て去れ！　捨て去れ！　捨て去れ！」墓石たちの大合唱が森に響き渡ります。

11 あなたはもう要らないもの、病も苦悩も不幸もすべて吐息と共に捨て去ります。吐息と共に「捨て去れ！　捨て去れ！　捨て去れ！」と両手の握りこぶしを胸から足下へ、大地へと投げ捨てる動作を、あなたの両手が勝手にしています。「捨て去れ！　捨て去れ！　捨て去れ！」の大合唱が更に森の中に響いています。

12 突然あなたの胸元が開きました。胸にポッカリと穴が空きました。その穴から光の滴がひとつ、眩しい光を放ちながら外へと放たれました。この光の滴は、あなたの意識の象徴です。

13 その光の滴は黒い鬼の姿に直ぐさま変容しました。全身が憤怒の黒い鬼です。今や抜け殻となってしまったあなたは、冷たい死体となって倒れ横たわっています。

14 黒い鬼はとても鋭利な剣を抜き、あなたの死体を見下ろしています。そして、おもむろにあなたの死体の皮を剥ぎ始めました。

15　あなたの抜け殻は地面に広げて敷かれました。今やあなたが黒い鬼です。

16　握っている剣を一振りすると、抜け殻の頭が切り落とされました。黒い鬼のあなたは、落ちた頭のまゆ毛のあたりに剣を突き立てて頭蓋骨を真一文字に切り裂きます。これであなたの煩悩が断ち切られました。

17　更に剣を振り下ろして、両手と両足も切り落としました。もうそれは死体ですから血も出ません。もがき苦しみもしません。魚や鶏をさばくように淡々と切り分けていきます。

18　切り落とした両足の大腿骨が横笛と縦笛になりました。黒い鬼の耳たぶから赤い鬼と青い鬼が現れて、その横笛と縦笛を賑やかに吹き始めました。切り落とした手首をでんでん太鼓のように振りながら「ごちそうだ！　ごちそうだ！　ごちそうだ！」と森の中をふれ回っている子鬼たちもいます。

19　墓石たちが鬼たちの前に踊りながら集まってきて竈を作りました。見事な墓石の竈です。その上に、あなたの頭蓋のお皿を鍋のように置きました。

20　あなたの身体の残りの部分を小さく切り刻んで、その頭蓋の鍋の中に放り込み煮込んでいきます。

21　赤い鬼があなたの病の臓物を死体から引きちぎって、グツグツ煮立った鍋の中に投げ入れました。

22　青い鬼があなたの病の心を引きちぎって、鍋の中に投げ入れました。

23　赤い鬼が悪しき煩悩に染まった両目をえぐり取って、鍋の中に投げ入れました。

24　青い鬼が悪しきエゴに染まった口と舌を引き抜いて、鍋の中に投げ入れました。

25　赤い鬼が悪しき我欲に染まった胃腸を引きちぎって、鍋の中に投げ入れました。

26　青い鬼が悪しき思考に染まった脳みそをえぐり取って、鍋の中に投げ入れました。

27　あなたの臓物がグツグツと煮え立っています。しばらくすると頭蓋の鍋は大きく膨らみ、天空を覆うほどの大きさになりました。同時に鍋の中身もどんどん増えていきます。頭蓋の鍋の中では、細かく切り刻まれたあなたの身体がグツグツと煮え立っています。

28　やがて鍋の中のあなたの身体は甘露に変容しました。鍋はますます大きく膨らみ、中の甘露もどんどんと増えていき、もう全宇宙を満たすほどになりました。甘露はグツグツと煮え立ち、美味しそうな匂いがあたり一面に広がっています。

29　この甘露は、ありとあらゆる滋養を含んでいて、森羅万象のあらゆるものたちが欲しがる、どんなものにでも変容します。この甘露は三層に分かれています。鍋の底に溜まる甘露は穢れた滋養を含んでいます。真ん中の甘露は普通の滋養を含んでいます。表面の澄んだ甘露は清浄な滋養を含んでいます。

30　甘露ができあがると、まず神々が光のストローで上層の清浄な甘露を吸い上げ堪能されました。あなたの汚れや障碍《しょうげ》が浄められました。あなたは「持って行きなさい。構わないから。いつか必ず私は消えてなくなるのだから。今すぐ持って行きなさい」と大声で唱えています。

31　あなたの守護霊も光のストローで真ん中の甘露を吸い上げ堪能されました。あなたのカルマが浄められました。あなたは「持って行きなさい。構わないから。いつか必ず私は消えてなくなるのだから。今すぐ持って行きなさい」と大声で唱えています。

32　精霊や魔物たちが下層の甘露を光のストローで吸い上げ堪能されました。あなたの我欲とエゴが浄められました。あなたは「持って行きなさい。構わないから。いつか必ず私は消えてなくなるのだから。今すぐ持って行きなさい」と大声で唱えています。

33　黒い鬼の胸から様々な色の数え切れないほど多くの供養の鬼たちが現れました。供養の鬼たちが鍋に残った甘露をすくい取ると、甘露は様々な品物へと変容しました。食べ物、衣服、お金、宝石、若さ、武器、恋人、子供などのあらゆる物に変わりました。その品物を供養の鬼たちは縦横無尽に飛翔しながら、生きとし生けるものたちと魔物たちが欲する物を次々に分け与えています。やがて森羅万象のすべてに、あなたの甘露が行き渡りました。あなたは「持って行きなさい。構わないから。いつか必ず私は消えてなくなるのだから。今すぐ持って行きなさい」と大声で唱えています。

34　森羅万象のすべてがあなたの甘露に堪能し、とろけるような慈悲の眼差しで黒い鬼のあなたを見つめています。

35　やがて鍋の中の甘露が再び煮立ってきました。赤い鬼と青い鬼が煮立った鍋の中に飛び込みました。子鬼たちも鍋の中に走り込みました。

36　すると、その湯気の中から鮮やかな光と共に虹が幾重にも立ち上ってきました。その虹の先端に吉祥の供物たちを乗せた白雲が現れました。あなたは「持って行きなさい。構わないから。いつか必ず私は消えてなくなるのだから。今すぐ持って行きなさい」と大声で唱えながら、その供物を神々に捧げます。

37　神々は随喜しながら森羅万象の生きとし生けるものたちを光で包んで、すべての煩悩と障碍を消し去って下さいました。

38　病弱な生き物たち、臆病な生き物たちにも甘露を残らずふるまいましょう。その甘露は妙薬となり、生き物たちの病は平癒し元気を取り戻します。

39　今、すべての生きとし生けるものたちは救われました。それぞれに神の姿が宿っています。それらすべての生きとし生けるものたちも、魔物たちも、神々も、そしてあなた自身も、虹に吸い寄せられます。そして虹を渡って天空の青空へと溶け込んでいきます。青空の中へ、青空の向こうへと溶け込んでいきます。

40　やがて青空の向こうで、あなたは消え去ります。あなたという自我も消え去ります。あなたが消え去りました。あなたの自我も消え去りました。青空の向こうへ……そこは空と無の世界です。

41　空と無の世界に今、あなたは浮かんでいます。ただ浮かんでいます。何もないけれど、すべてがあなたです。

42　あなたが空に消えていきます。青空も空に消えていきます。すべてが空に消えていきます。空です。空です。空性です。

43　新しいこの世へと戻って来ます。もう古い世界ではありません。新しい五次元世界へ戻って来ましょう。そこには新しいあなたの身体、心、頭と意識、魂が用意されています。5、4、3、2、1、0。新しい世界の新しいあなたに生まれ変わりました。

「地蔵医学」付録：チューの瞑想

このチューの瞑想は布施の修行です。病気の原因がカルマである時には、そのカルマを清算するのにうってつけの方法だとゾクチェンでは言い伝えられてきました。

「百回私を守ってくださいと祈るのは構わない。だがそれよりも、持って行きなさい、構わないから、と一回だけ言う方が百倍優れている」とチューの教えには書かれています。難病奇病や死病で長期間、苦悩している人たちは、どうしても我利我利亡者と化してしまいます。それは悪ではなく人間の必然の姿です。

人間は執着心を持っています。何かに執着しているからこそ死を恐れます。死ねば宝物を失うから。何かへの執着心、誰かへの執着心でがんじがらめになっていても、それに気づけません。例え幸せでも、裕福でも、愛し愛されていても……気づけません。

病気になり死を意識するようになると、そのがんじがらめに気づくチャンスが幾度となく訪れますが、病気の苦悩に負けて、すぐに忘れてしまいます。

病気も、不幸も、孤独も、カルマも、執着心の為せる技です。それらは夢のような幻影に過ぎません。ただ、その夢があまりにもリアルな明晰夢なので、これは夢だと気づけなかったのです。朝、目が覚めても、前日の夢の続きを無抵抗に見てしまっているだけでした。

何年もの間、酷い鬱で家事がまったくできない、ほぼ一日中、寝たきりだった主婦が通院されていました。様々な薬を飲んでも効いたような気はしません。ただ家族が優しく献身的に見守ってくれているのが生きる支えでした。

ある朝、目覚めた時、フッと思ったそうです。「私、何をやってるのだろう。もう悪夢を見るのも、病人を演じるのもやめるわ！」

すると洗濯ができました。布団も干せました。その日は、もうそれだけでクタクタでしたが、夕方、家族は大喜びしてくれました。皆で抱きあって泣きました。号泣です。

翌日には料理ができました。本当に久しぶりの手料理です。夕食で皆、泣きました。もう笑い泣きです。

翌日は散歩できました。久しぶりに顔を見たご近所さんたちも大喜びしてくれました。もう治っちゃった！　と確信しました。

そして数日後、診察に来てくれました。受付が何やら騒がしいなと思ったら、すっかり元気になってスタッフたちと笑い泣きしておられました。

この数日間で、自分は良き主婦に執着していたことに気づかれていました。良き妻、良き母、良き娘……それらの執着心をバカバカしくなって捨て去ると、快晴の自由の中を泳いでいたそうです。

心の病は、このように自分自身で何かに気づくと、すぐに治ってしまいます。身体の病も原理は同じです。

ただ肉体的な病を治癒へと導くのは、自然治癒力や蘇生力、免疫力たちですから、やはり時間がかかります。もし想念の力、信じる力、観想する力が猛烈に強ければ、一昼夜で完治してしまうこともありますが、それらの力を上手く制御できないまま、すべての治癒力を最大に発揮してしまうと、身体は虹の光に変容して、この世から消えてしまうかもしれません。

コロナ騒動は、人間の我欲とエゴと煩悩を見事に炙り出してくれました。誰が何に執着心を持っているのかも、まるでキョンシーの額のお札のように顕現しています。

マスクをしろ、手を洗え、話をするな、家でじっとしてろ、ワクチンを打て……誰もがもう立派なキョンシーです。そして、もう誰もが我利我利亡者です。

何か変だな、私、このままで良いのかな？　と思ったら、額のお札を剥がしましょう。

誰も剥がし取ってはくれません。自分で剥がすしかありません。お札の粘着力はどんどん強力になっていきますが、まだ大丈夫！　エイヤッと剥がせば、きれいに剥がれます。

お札がなくなれば青空が見えます。雲ひとつない青空です。自分の中の我利我利亡者も消えてしまいます。病も、不幸も、不運も、孤独も、あらゆるカルマたちも消えてしまいます。

青空をジッと見つめて。

青空を見つめている限り、もう不要なものたちへの執着心も消えてしまいますから。もう要らなくなったものたちを、この世の生きとし生けるものたちへプレゼントしましょう。すでに病は健康に、不幸は幸福に、不運は幸運に、孤独は自由に、カルマは至福の微笑みへと変容していますから、サンタクロースになったつもりで、すべてを皆にプレゼントしましょう。

要らなくなったものがなくなったら、実はあなたの奥にとても大切にしまい込んでいた、とっておきの宝物もプレゼントしてしまいましょう。生かされていることも、小さな幸せも、わずかな愛も、貯金通帳の数字たちも、冷蔵庫の中の食べ物たちも、クローゼットの洋服たちも、快適とは言えないけれど、この住まいも寝床もお風呂も、車も自転車も、ついでに靴も、持ってけ泥棒！　とヤケクソに笑い泣きしながらプレゼントしてしまいましょう。

どうです？　青空がますます澄み渡ってきたでしょう。

泥棒はあなたからすべてを奪い取っていきます。そんな泥棒が、これだけは放さない！

としっかりと握りしめているものは何でしょう？　元は何だったのでしょうか？

それは病でしたね。不幸でしたね。カルマでしたね。

泥棒、待て～！　と追いかけますか？

良かった、良かったと合掌しますか？

これが廻向です。

人に喜んでもらえた、人のお役に立てた、人を助けることができた、人に寄り添うことができた、人を幸せにできた、人に笑ってもらえた……どれも素晴らしい功徳です。その功徳を宝くじのように持っていたいのも人情です。神々からのお返しが楽しみですものね。

でも、それも夜、眠るまで。

眠りに落ちる前に、今日の功徳も廻向してしまいましょう。この世で今日という日を共に生きていたすべての生きとし生けるものたちにプレゼントしましょう。それだけで今日のあなたのカルマがすべて消え去ります。それが引き金となって、あなたが負っていたカルマたちも次々に壊れて消えていきます。

眠りに落ちる時は、青空に吸い込まれるように落ちていきましょう。青空の向こうに溶け込んでいきます。あなたが青空となり、青空のすべてがあなたとなります。

カルマが消えていった穴を青空が埋めてくれます。今日の功徳も青空に満たされています。

エマホー ཨེ་མ་ཧོ། やった！ 素晴らしい！ 最高！ とホッとした瞬間、眠りに落ちてしまうでしょう。

上手くいけば、空性が青空の中から現れるかもしれません。そこで踏ん張って空性を眺めていても良し、空性の中に吸い込まれていっても良し。どちらも覚醒への吉祥ですから。

2 闇の神さま

私たちが知っている神々も、キリスト教やイスラム教、仏教各派が伝えている神も、光の神々です。しかし光の神々の世界があるように、闇の神さまの世界もあります。

「光の神さまと私、闇の神は、同時に生まれました」と初めて闇の神さまにお目にかかった時に教えていただきました。

光の神々は、八百万無数におられますし、同時にただひとつの光の神さまでもあります。生まれた時には、ひとりの光の神さまとひとりの闇の神さまだったのです。

闇の神さまは、光の神さまの神界と同じ広さの闇の神界に、ただおひとりで暮らしておられます。光の神界のように、妖精や天使たちはひとりもいません。身の回りのお世話をしてくれる闇の子分たちはいますが、彼らは妖精や天使たちのように賑々しく闇の神さまと戯れたりはしていません。

光の神さまは、ひとりひとりの人間の魂の中に宿って下さっていたり、しっかりと見守って下さっていたりしていますが、闇の神さまはそのようなことはされていません。代わりに、闇の子分たちを人間の心の中に宿らせて、心の平穏を保つように促されてはいますが、その人間の生き様に干渉することはありません。心が大嵐に巻き込まれて粉々に破壊されてしまいそうになった時にだけ、闇の神界の深い静けさと安らぎを、闇の子分を介して心に注ぎ込まれることがあるそうです。

闇の神さまの世界は静寂そのものです。光の神さまの世界のような眩しい光はありません。かといって真っ暗闇でもありません。闇の神さまの世界には闇の光が広がっています。光の神さまが放たれる光は、外へ外へと広がっていきます。その光は愛そのものなので、光に照らされると愛のエネルギーが注ぎ込まれます。温かくなり、元気になり、愛おしくなり、楽しくなり、明るくなります。

闇の神さまの光は外へは広がりません。内へと収束しているわけでもありません。ただ闇の世界に広がっているだけ、そこに漂っているだけです。この世の空気のように風となったり、海のように波を起こしたりもしません。ただあるがままに、素直に、自然体に……それは中庸のお手本のようです。

闇の光を浴びると、静けさ、落ち着き、安心、寛ぎ、自由を取り戻せます。闇の光も愛のエネルギーではありますが、愛ではないもの、我欲やエゴや煩悩に染まった感情や思考などを浄化してくれる慈愛に満ちた光です。

光の神さまの光を浴びていると幸せにも豊かにもなれます。もっと幸せに、もっと豊かに、もっと楽しく、もっと愛して愛されて……外に広がっていく性《さが》でしょうか、「もっともっと」と我欲とエゴと煩悩の針が少しだけオーバー気味に振れやすくなります。この「もっともっと」は光の神さまの性でもあり、光の神々がいつまでも神々のままでおられる所以でもあります。

闇の神さまの光を浴びていると、静寂の喜び、自由の歓喜、無の大楽に目覚めます。我唯足知の真意がここにあります。

この世で幸せに豊かに愛に満ちて暮らしたいだけなら、闇の神さまも闇の光も不要です。悪徳にならない程度に「もっともっと」と緩やかに右肩上がりしていく暮らしをしている人々を、光の神々も大いに愛でておられます。

光の神々も悪徳は嫌われます。悪も濁も魔も大嫌いです。善、清、美、悦を好まれますが、「もっともっと」が悪、濁、魔のゾーンに入らない限りは、そのちょっとした欲は大目に見ておられます。

この世には、悪者なのに、詐欺師なのに、幸運の神さまや金運の神さまからひときわ愛でられている者たちがいます。いつか罰が当たるぞ、とやっかみ半分に見上げていても、幸せな天寿を全うする者も多くいます。

反面、真面目に、一生懸命に、勤勉に、信心深く、慎ましく生きてきたのに、最後まで幸運にも金運にも恵まれない人たちがとても多くいます。

この差は何でしょう？

それは闇の光の世界を知らずに、光の神さまの世界の下だけで生きているからです。この世は光の神さまの世界なのですから、神さまと同じ程度に「もっともっと」と、ちょっと悪や濁で魔の生き様に変えられるか否かが運命の分かれ道だったのです。

時速50キロの速度制限の道を車で走っていてバックミラーに白バイの影が見えました。あなたは急いでいます。さてスピードはどうしますか？　50キロピッタリ？　55キロ位なら？　60キロは大丈夫だ？　いや、メーター誤差があるからな、ここは65キロで勝負だ！

さて、どうでしょうか？

どれも捕まらなければ、悪ではありません。そこで白バイに気づかないままアクセルを踏み込んでしまうのは、ただ愚かなだけですが、その愚かさを愚鈍にされてしまうのがこの世の常です。

この世の成功者たちが、不幸で不運なまま困窮している人々を嘲るように愚か者だと言うのは、絶えず現状の変化に気づけないから、そして悪と善の間を上手く使いこなせない輩たちだからでしょう。

では、どうしたらそんな悪と善の間を上手く使いこなせるのでしょうか？

この世の成功者たち、特に起業家たちを見ると、元暴走族、元ヤクザ、元詐欺師などの元極悪人が多いことに目がとまります。彼らは悪を知り尽くしています。極悪の中に飛び込んで、揉まれて、それでも生き抜いてシャバに戻ってきた強者《つわもの》たちです。悪を知り尽くしているから、悪と善の間をとても上手く使いこなせます。

今のこの世の悪は、すでに極まってしまいました。もう悪魔と見《まみ》えることができるほどの悪、濁、魔を使いこなせなければ、成功者となることは叶いません。

あなたにそこまで悪を極める覚悟はありますか？

もしあったとしても、もう時間が足りないでしょう。諦めるしか……否、大丈夫です。闇の光の世界に目覚めるのです。そこには「もっともっと」はありません。悪を極める必要もありません。真面目で、一生懸命で、勤勉で、信心深くて、慎ましいままで大丈夫です。

「もっともっと」は誰かと、何かと比べていますが、闇の光の中では、ただ自分だけですから、もう比較も評価もありません。我唯足知ですが、我慢も自己犠牲もありません。あれば良し、なければそれも良しです。

闇の光を浴びながら暮らしていると、この世の暮らしが天地自然の理に溶け込んでいきます。森羅万象に守られている、だから何事にも不自由はしないし、満たされていることが分かります。自分の都合など、天地自然の流れの中では取るに足りないちっぽけなものだと悟れます。晴耕雨読で天地自然と共に生きていけば、必ずそれなりに上手くいくことを知ります。不安など天地自然に任せていれば、必要必然なベストのタイミングで上手くいくことに気づけます。

闇の神さまの世界に最も近いのは、禅の世界でしょう。

闇の神さまは、諭したり、教えたり、道を示したりはされません。いつもひとり静かに闇の静寂を楽しまれています。

孤独も皆無です。清浄で静寂な闇の世界の真ん中で、ひとり静かに佇《たたず》んでいるのが最高の自由だよ、と仰っていました。

そんな静寂な闇の世界に、この世の人たちを連れてきてもよろしいでしょうか？　とお尋ねすると、「良いですよ、ここに来てドンチャン騒ぎをされるのは、さすがに困りものですが、礼節をわきまえた大人の皆さんは大歓迎いたします」と仰っていました。

闇の神さまの世界へは、龍神覚醒術を用いれば簡単に行けます。

誘導瞑想に従って自由に観想していけば、空と無の世界に入れます。そこで自分の龍神に乗り、無の世界を通り抜けて闇の神さまの世界に入ります。

闇の神さまは、光の神さまのように眩しい光を放ってはおられませんから、その姿形が朧気にしか見えませんが大丈夫です。見よう、聞こう、触れよう、分かろう、感じようとする必要はありません。ただそこに居る、在るという実感に気づけます。これまでの見る、聞く、触れる、分かることがエゴであったことに気づけると、無念無想無我にまた一歩近づけます。

闇の神さまの世界も空性と光明に繋がっていますので、仏陀さまを呼び出せば、出てきて下さいます。

光の神さまの世界に出てきて下さる仏陀さまは、とても美しくて眩しい黄金色の光を放たれています。その聖なる光を浴びていると、諸毒も邪念邪気も、あらゆる障碍もシャワーで洗い流されていくように剥がれ落ち、無へと消えてしまいます。

闇の神さまの世界に出てきて下さる仏陀さまは、光を放ってはおられません。仏陀さまご自身は、薄いアメジスト色をした無垢の水晶のように感じられ、そのまわりを取り巻いている光も同じ色をした煙のように、ほんわかと静かに、優雅に漂っています。

この仏陀さまに近づくと、我欲とエゴと煩悩が光に吸い込まれていくのが分かります。この吸引力はとても強烈で、我欲とエゴと煩悩の本性までもが、まるで大根を引き抜くかの如くにズボッと光に吸い込まれて、そのまま無の中へ消えていくのが分かります。

この闇の世界に現れて下さった仏陀さまに空性への導きをお願いすると、たちまちのうちに空の世界が見えてきます。しかし光の神さまの世界から見える空の世界とは、少しだけ何かが違っていることに戸惑うかもしれません。

光の神さまの世界から見えた空の世界は、明るく眩しい光で満ち溢れた空でした。そこには色がありました。光が放たれている以上、色が現れます。仮に完全なる無であっても、光が放たれている限り、そこには暗黒という色が生じます。

闇の神さまの世界から見える空の世界はモノクロです。白と黒の間にある無限のトーンで彩られたモノクロの空の世界です。

光の神さまの世界にあった色がすべて消え去ると、もっと本質が見えてきます。色彩に目を奪われていたことに気づけます。色彩に本質の最も大事なものが逃げ込んでいたことにも気づけます。

闇の神さまの世界から見える空の世界では、神さまの本質、愛の本質、生命の本質、大楽の本質……あらゆる本質が、まるでレントゲンで透かされたかのように見えてきます。

モノクロは時空間の刹那を、より奥行きを持って、より明瞭に見せつけてくれます。その刹那に凝縮された様々な本質たちが、泉が湧き出すようにモノクロの空のどこかの一点から湧き出してきています。

光の神さまの世界から見える空でも、時空間の刹那と、そこに凝縮された本性たちが湧き上がってきているのが見えますが、どこかの一点に集中して湧き上がるのではなく、空の全体から湧き上がってきているように見えます。

本性たちは、どこから湧き上がってくるのでしょうか？

その湧き出し口こそが光明の境地への入口です。

本性たちは光明の中に潜んでいるのではありません。光明から空性へと何かが漏れ出した瞬間、それが様々な本性となるのです。

光明には色はありません。モノクロもありません。光明が空性に漏れ出した瞬間、何かが本性と化すと同時に色を帯び、モノクロを帯びるのです。

色やモノクロを帯びると、本性は重く、固くなり、空性から空の世界へと降りてきます。

空の世界では、まだうっすらとした色やモノクロでしたが、光の神さまには色が見え、闇の神さまにはモノクロが見える頃になると、もう本性は我欲やエゴや煩悩に変容しています。

光明から漏れ出してくる「何か」を、光の神さまは「慈愛」と名づけました。だから光の神さまの世界は愛の世界となりました。

闇の神さまは、それを「自由」と名づけました。だから闇の神さまの世界は自由の世界となりました。

闇の神さまは自由です。究極の自由を楽しんでおられます。ひとりだからこそ、自分自身を存分に愛しておられます。誰かに、何かに邪魔されることなく、すべてを自分への愛に注ぎ込まれています。

光の神さまは愛です。愛を楽しむために、多くの神々に分身されます。慈愛を注ぎ込むために、愛に飢えた生き物たちも創りました。

光の神さまも、ご自身を最も愛されています。しかし愛を味わうためには相手が必要でした。他の神々とも愛しあってみました。でも神は完全であり万能です。それはまるで決して壊れないオモチャのようでした。決して終わらない、そして決して負けないゲームのようでした。

その点、人間は面白い！　飽きません！　愛に飢え続けているので、いつまでも愛のゲームをやり続けてくれます。生老病死を与えたので、ちょうどゲームが盛り上がってきた頃に壊れてくれます。

人間を創ったのは光の神さまです。だから人間たちが闇の神さまの世界に逃げ込まないように、孤独という柵を人間界に張り巡らしました。人間が本能的に闇を恐れ、自由よりも束縛を好むのも、この柵を超えるどころか、近づかないようにさせるためでした。

「最近、どうも人間界も神界も賑やかになり過ぎましたね。困ったものです……」と闇の神さまは仰っています。

闇の世界まで賑々しさが伝わってきて、静寂さが揺蕩《たゆた》ってきています。そんな時、いつも闇の神さまは人間界に向かって「お静かになさいませ」と呟きながら闇の光を吹き込まれます。

その頃には、光の神々は内に秘めた大楽の本性が暴走しかかっているのが世の常でした。この文明だけでなく、長い地球の人類史上、幾つもの文明が、この光の神々の本性の暴走に巻き込まれて消えていきました。

闇の神さまが吹き込まれた闇の光に射貫かれた者たちには、空と無の世界への階段が見えます。続々と虹の階段を上る者たちを、光の神々は笑いながら頭をつついて魔力を与えたり、神界間近で蹴落としたりして楽しんでおられたのが、コロナ騒動勃発までのこの世でした。

そしてコロナ騒動が勃発して、さすがに人間界を覆っていた魔界までもが暴走してくると、「本当に人間ってダメね」とシラッと言いのけて、神界と人間界の遮断手配に入られました。

闇の神さまも「やれやれ、これでまた静かになりますね」とちょっと寂しげに呟きながら、「今こそ空と無の世界から空性へ赴き、光明の中で待っておられる仏陀さまを、この世に目覚めさせるのです。ひとりひとり、誰にでも仏陀さまが息づいています。万分の一でも構わないので、内なる仏陀さまを目覚めさせなさい。それが叶えば、あなた方のこの世は消えません。神界はきっと大きく揺らぐでしょうが、心配要りません。私の闇の世界が神界を支え抜きますから。この世から魔界が滴り落ちて、燃え尽きてしまうまでのほんの一瞬のことですから大丈夫です」と耳打ちして下さいました。

光の神さまの世界から見上げる空と、闇の神さまの世界から見上げる空は、色とモノクロの違いがありますが、それぞれの空に現れる空性は同じです。その空性が開いて垣間見せてくれる光明もただひとつです。もはや光と闇の違いはありません。

その光明に在る仏陀さまも、空性に開いた扉を通って空に出てこられるまでは、光と闇の違いはありません。ただ私たちが空に現れて下さった仏陀さまを見る時、光から見るのか、闇から見るのか、でお姿が違って見えるのです。それは決して光の空性と闇の空性があるわけではありません。光の世界から見れば、黄金色に眩しく輝く仏陀さまが見え、闇の世界から見れば、薄いアメジスト色の無垢な水晶のような仏陀さまが見えるだけです。光明から現れて下さった仏陀さまは、ただひとつです。そのお姿を見ようとした刹那に二元性が生じて、光の仏陀さまと闇の光の仏陀さまに分かれてしまうだけです。

そんな二元性も人間が持つ性です。ある意味、空性からシャワーのように溢れ出してくる光の滴《ティクレ》を浴びた人間は、必ず身心頭魂すべてが二元性に染め抜かれるのです。それはスポンジケーキに程よく溶けたチョコレートをかけ流すようなものです。この世の人間は、すべてチョコレートケーキでなければならず、チョコレートのかかっていない人間は、人間にはなれないのが、この大宇宙の理なのです。

この世の人間たちは多かれ少なかれ、内在外在する二元性が我欲とエゴと煩悩で雪だるまのように膨らんでいます。二元性がなければ、自我・アイデンティティを見失ってしまいます。本当は自我は二元性とは別のものなのですが、二元性を見失うと同時に、自我を自己否定、自己消滅させてしまいます。だから二元性の世界のままが良い。二元性のない世界など想像できないし、考えてみたくもないのです。

昔々、空の世界へと赴き「やっとこれで空の世界を衆生に説くことができる。これで衆生は生老病死から救済される」と意気込んでこの世へ帰ってきた僧侶たちは、その後、どうなったのでしょうか？

それは仏陀さまやイエスさまが歩んだのと同じ茨の道と化しました。なぜだか分からない恐怖と嫌悪感を感じると、衆生は無知へと逃避します。時には無明な僧侶たちが率先して暴力的に攻撃してくることもありました。それでも現世利益の経典としてなら、衆生は無知であるが故に喜んで受け入れてもくれました。般若心経などの空の世界を説いた教典は、聖者や覚者たちが後生に託した埋蔵経典だったのです。

闇の神さまの世界に辿り着いた聖者や覚者もいました。彼らは闇の世界から空を見上げ、空性を悟りました。彼らは禅に、闇の光と空の世界を埋蔵しました。禅の修行の中に、この世と闇の世界を結ぶ小道を残してくれたのです。

その小道の所々に目印の闇の光石を置きました。いつか闇の光が見える眼力を持った者が、小道を辿って闇の神さまに会いに行ってくれることを信じていました。闇の神さまからも、その願いが成就した未来のビジョンを見せていただいていました。

やがて闇の神さまの世界で見上げた空性から仏陀さまを呼び出せる者と、光の神さまの世界で見上げた空性から仏陀さまを呼び出せる者が現れた時、末世と化したこの世は救われることを光明の仏陀さまから告げられました。

闇の神さまは、今を心待ちにしておられました。いよいよその時が近づいてきたのです。闇の神さまも密かに「空性に開いた扉から、私も光明へ飛び込んでみたいのです」と呟いておられました。それは闇の世界の静寂と安寧が湧き出してくる根源を見てみたい、闇の根源は何なのかを知りたいという純粋無垢な我欲です。

「光明に飛び込めば、きっと私も解脱できます。神から解脱すると何になるのでしょうね。楽しみです」と目を細めておられました。

「光の神々も光明に飛び込んで解脱したいと思っておいでです。光の神々も解脱されると何になられるのでしょうね。これで光の神界も元の平和と温かさと静けさを取り戻すことは確かだと思いますよ。神々の方が人間よりも空性を見定めやすいのですが、神々よりも人間の方が空性から光明へと飛び込みやすいのです」とも仰っていました。

「神々は、ほんのわずかですが内在している我欲とエゴと煩悩に、自ら気づき、それを手放すことができないからです」

神界から見上げれば、すぐそこにある空性に飛び込もうとしても、内在している我欲とエゴと煩悩が、まるで命綱のように空性から光明へと消えていこうとする神々の足を引っ張って、神界に引きずり落とすのだそうです。

闇の神さまは、人間の覚者たちのように、瞑想のとても深淵な所まで入り込むことで、そこに現れた空性から光明へと飛び込むつもりだ、と仰っていました。

「きっとその時、この世で純粋に修行を続けていた者たちも一緒に空性から光明へと連れて入ることになります」と嬉しそうに仰っていました。


闇の神さまからの言伝です。

「光の神さまと私、闇の光の神は同時に生まれました。光の神さまは光の神界に住み、私は闇の光の世界に住んでいます。

闇は悪ではありません。闇は魔性を帯びてもいません。

光が在るから闇が在り、闇が在るから光も在るのです。

私の闇の世界は静寂で安寧で自由です。

闇の光は外へ向かうのではなく、内へ、本性へと向かいます。波立っていたものも、暴れ狂っていたものも、刺激的なものも、毒や魔性を帯びていたものも、私の闇の光を浴びていると、静寂と安寧へと還っていきます。

しかし皆さんの内外に現れた悪は変わりません。悪の毒は皆さん、ひとりひとりが自ら解毒浄化しなければいけません。

光の神界の光を浴びても、闇の光を浴びても、皆さんの悪の毒は柔らかくなって剥がしやすく捨てやすくはなりますが、私たち神の光で消え去ることはありません。

悪と闇を混同しないで下さい。そろそろ悪は別物だと気づいて下さい。そうだ、悪の根源はこのハートの中に隠れているんだ、と気づいて下さい。

悪の中は真っ暗です。暗黒です。だから悪の根源は見えません。しかしそこで私、闇の光を懐中電灯のように灯して下さい。自分のハートの中の暗闇を、この闇の光で照らすのです。

きっと悪の根源が見つかります。どんなに巨大で獰猛な悪の根源でも、闇の光を照らし続ければ、すぐに子犬のように、最後には子ネズミのようになってしまうでしょう。

悪を解毒浄化するために、私の闇の世界を訪れて下さい。

光の神界のように妖精や天使たちはいませんし、美しい花々や果実もありませんので、お構いはできませんが、この闇の世界に漂う究極の静寂と安寧と自由はいくらでも持ち帰っていただけます。

闇を恐れないで下さい。闇は決して悪ではありません。

皆さんの覚醒と解脱の鍵は、この闇の神界にあるのです」

3　空性

空は無を座布団のようにして無限に広がっています。

空にはただ「在る」が、無にはただ「無」があります。

空と無の世界は七次元世界です。そこは龍神たちの住み処《か》です。

空の世界に入って上だと感じる方を見上げれば、龍神たちが気持ちよさそうに泳いでいるのが見えます。この際、光の世界の意識メガネをかけていれば、色とりどりの龍神たちに見えますし、闇の世界の意識メガネをかけていれば、昔の白黒テレビのようにモノクロに映し出された龍神たちに見えます。

無の世界には「無」以外の何もありませんので、無の世界は無いようで無限に広がる世界です。初めて空と無の世界に入った時には、意識の二元性が天と地のように空と無の世界を分け隔てて見せてくれます。

やがて空性を見つけて、空性に近づくことを繰り返しているうちに、無の世界が消えてしまったような気がするかもしれません。

空性に近づき光明をつかもうとしていると、自然に二元性が薄らいでいきます。空と無も、ある意味、二元性がもたらしてくる区別であり、空性に近づけば、空と無も「ふたつでひとつ」だと悟れるでしょう。

光明に飛び込むには、二元性から完全に解脱しなければいけません。わずかでも二元性で思考してしまうクセを意識の中に残したままでは、光明に飛び込む前に無に帰してしまいます。

空と無の世界に浮かんでいるだけでも、二元性を保持しにくくなっていきます。まだ二元性に執着があるうちは、無の世界に落ちそうな、吸い込まれそうな恐怖感や不安感が意識の片隅に隠れていますが、二元性が薄らいでいくと、大海原と青空が溶け込んでしまうように、空と無の世界も溶けていきます。と同時に、あれほど澄み切っていた空のスカイブルーも、その色を失い始めます。燦々と降り注いでいた空の光が、まるで雲のように漂い始めると、空の光は色も濃淡も失った純粋無垢な光に変容していきます。それは透明な綿菓子のようにも感じられます。空であり無なのですが、確かに「在る」のです。

これは闇の神さまの世界から空と無の世界へ至っても同じです。空の色がモノクロの濃淡に見えるだけで、空の光が透明な綿菓子になってしまうのは同じです。

空と無が溶けあいます。

空が色も濃淡も失い、その本性とも言うべきただ「在る」に帰します。そして、やっと二元性から自由になれます。

すると空性が見えてきます。空性が現れるのではありません。元々そこにあった空性がやっと見えるようになっただけです。もし自分のどこかに、自分でも気づけない二元性がまだ隠れたままだったら、この空性を見つけ出した所で夢のない夢に落ちて意識不明となってしまうでしょう。

空と無が溶けあう。それは我利と利他も溶けあえる証となります。自分と他人も、自分と生きとし生けるものたちも、自分と天地自然のすべても溶けあえる証です。我欲もエゴも煩悩も、空と無が溶けあうように、それぞれが溶けあい、その根源へと帰します。

その根源とは何でしょうか？

我欲とエゴと煩悩は、神々でさえ密かに持っておられました。光の神さまと闇の神さまは同時に生まれました。光の神さまは慈愛を、闇の神さまは自由を握りしめて誕生されました。ですから我欲とエゴと煩悩の根源は慈愛と自由です。

光の神さまと闇の神さまが同時に生まれた瞬間に、二元性も顕現しました。ですから我欲とエゴと煩悩の根源にもうひとつ、二元性が加わりました。

その二元性が消えた空性の中では、慈愛と自由も溶けあっています。光と闇も溶けあっています。すでに空と無も溶けあいました。

すべてが溶けあった空性のどこか一点に、光の滴《ティクレ》が溢れ出してきている所があります。その一点こそが光明への入口です。

この一点は、絶えず現れては消えながら移動しています。神出鬼没ですから空性のすべてが見えていないと、その一点をとらえることはできません。光明へ入るという、ただひとつの念だけを、その一点に向けるのです。

それは武道と似ています。刀は抜いていますが、もはや無形《むけい》の位《くらい》です。構えるでもなく、鞘に収めるでもなく、相手に対しています。

空性にも同じように、ただ向きあいます。光明へ入るという念が刀です。どこかに光明が現れた瞬間に念の刀で突いていています。

それは刹那の出来事です。神界から見ていた神々には、あなたの刀の突きの動きは見えず、ただ瞬間的にあなたが消え去り、刀がポトリと落ちたようにしか見えません。

その突きの瞬間、あなたは光明に入ったのです。空性には、あなたが脱ぎ捨てた自我と念だけが、主を待つ愛犬のようにジッとあなたの帰りを待っています。

あなたが空性と向きあっている間は、あなたが暮らしているこの世の時間は止まっています。時計の秒針は完全に止まったままです。

宇宙にも神界にも元々この世の人たちが当たり前のように認識し、かつ呪縛支配されている時間の流れはありませんが、天地自然の移ろいは、宇宙や神界を進化させるために残してあります。宇宙人にも神々にも時間的な老いはありませんが、移ろう中での進化はあります。

空と無の世界では、そんな移ろいさえなくなります。もっと楽しく、もっと美しく……な我欲とエゴと煩悩が消え去っているので進化も起こりません。空であり無であるので進化は無意味です。ただ「在る」の中に、すべてが内在されているからです。

光明から空性へ光の滴が現れた瞬間、「在る」が顕現します。それは神界も神々も、大宇宙も人間も、天地自然の移ろいも、森羅万象の声も、すべてを内在しているので、新たな進化を試行錯誤に模索する必要はないのです。


なぜ宇宙人や神々は、空性から光明への道を目指さないのでしょうか？

確かに空と無の世界は龍神たちの世界で、あまり宇宙人や神々が龍神たちと寛ぎながら浮かんでいる光景を目にはしません。宇宙人や神々が空と無の世界に入れないことは決してありません。人間よりも波動が高く、我欲とエゴと煩悩も少ないのですから、容易に空と無の世界に入るだけでなく、空性と光明をもっと気軽に、頻繁に楽しむことだってできるはずです。


なぜ宇宙人や神々が空性と光明に、あまり興味を示さないのか？

それは彼らの我欲とエゴと煩悩が人間よりも少な過ぎるからです。

喰うためなら、金のためなら、快楽のためなら、生き残るためなら、何でもするのが今の人間の本性です。マスクにワクチンが、その本性を高々と掲げています。

しかし宇宙人にも神々にも、それがないのです。数多の僧侶が一生を賭して空性と光明への修行に勤しみ続けてきましたが、そんな覚醒と解脱への執念を超えた貪欲さが宇宙人にも神々にもないのです。

それは人間に生老病死があり、刻々と過ぎゆく時間があり、超えるに超えられない空間的距離が横たわっているから、常に誰かが進化を目指している、否、人間社会自体が進化をバネにして生きている証でもあります。

人間の心の中には、絶えず様々な思いや考えが湧き出しては消えを繰り返しています。眠っていても夢の中でまで、今日の出来事や情報、様々な感情の整理整頓をし続けています。そんな心の中を濁流の如くに流れ去る源流を遡れば、空性の一点から湧き出す光の滴に辿り着きます。

空性に湧き出した時は清浄無垢な光の滴でしたが、空性から魂を透かし抜ける時に光の滴は魂の本性を手放し、頭では知識や常識を浴びながら智恵を手放し、心では我欲とエゴと煩悩に染まりながら慈愛と自由を手放し、身体が生老病死を背負わされる頃には、もう光明のかけらさえ残ってはいません。

でも何かが起これば、光の滴だったことを思い出します。そして光明へと還りたいと思い始めます。

それを生起するのは、事故や病気による身体や精神の不自由さかもしれません。死病を負うと、とても強く生起されます。心が押し潰されるような出来事も、脳天に雷撃を喰らったような覚醒体験も、それを生起してくれます。

なぜこの世に幸せなことよりも不幸なことの方が多いのでしょうか？

なぜ喜びよりも悲しみの方が多いのでしょうか？

なぜ慈愛よりも憎しみや怒りの方が多いのでしょうか？

なぜ皆、自由よりも支配隷属の方が好きなのでしょうか？

それらはどれも魂の源である光の滴が光明へ還りたい一心で、この人間界に生起しているからです。

神々にいくら願っても祈っても、この世は平和にはなりません。神々にその点について直接お話を伺っても、「そうですね、仕方ありませんね」と要領の得ないお答えしか返ってこないことがずっと私の疑問でしたが、この空性と光明への智恵が蘇ってくるに従って、神々に尋ねるのも祈願するのも酷だな、と思えるようになりました。

光の滴は光明へ還りたがっています。だったら還してあげましょう。すでに前例はあります。それが仏陀さまです。

仏陀さまは、ずっと光明の中に居続けておられます。釈迦牟尼としてこの世に顕現されるずっと以前から、何度も仏陀としてこの世に顕現されていますし、その後も、そう今でも、何人もの仏陀としてこの世に顕現されています。

光明の中に留まりながら、いつの世も仏陀として顕現し、この世の衆生を空性へ、光明へと導こうとされています。

私も仏陀、あなたも仏陀、みんな誰もが仏陀です。

それは当たり前の真理です。

人間はだれもが心を持っており、その心の中には絶えず光明から飛び出した光の滴がまとっていた風が吹き出しているからです。

心が乱れ落ち込んだり、夢と希望に溢れたりするのも、魔が差したように悪事に手を染めたり、極悪人でさえもフッと善行をしてしまったりするのも、この光明の風のせいです。

魔人と化すと、この光明の風は止み、内なる仏陀も消えてしまいます。２０２０年頭に、この世が魔界に同化されてしまうと、この世の人々は取り憑かれていた魔物に魔性の毒を注がれて、次々に魔人となってしまいました。それは仏陀さまが説かれた末世でした。末世だからこそ、内なる光明の風を感じ取りやすくなりました。

２０２１年半ば頃から、夜の夢が何となく変わったと気づいている方々が増えています。病気かな？　霊障かな？　と診察に訪れた方々は皆さん、魂から光明の風が勢いよく吹き出していました。

意識も生き方も五次元覚醒を迎えておられました。

内なる仏陀さまも大きく背伸びをしたり、屈伸運動をしたりしながら、いつでも活動ＯＫ！　と意気込んでおられました。

皆さん、睡眠不足や不眠症とは無縁でした。それまでの長い間、睡眠薬を手放せなかった方も突然、もう要らないと思った、とゴミ箱に投げ捨てられました。

意識には爽やかさや軽さはないけれど、どっしりとしたグラウディング感に、湧き出る自信と高揚感に、この世の濁流に溺れ苦しんでいた以前とはまるで違った、次元上昇した手応えを感じ取られていました。

まだ諸毒の排毒浄化も、我欲とエゴと煩悩の解毒浄化もできていない方々も多かったので、内なる仏陀の目覚めには気づいておられませんでしたが、拒否感も違和感もなく、極自然に仏性開花へと進もうとされていました。

この夢の変化は、この世の衆生救済を誓願されたお地蔵さま、天使、精霊などの連合軍が発起した夢への介入作戦の効果です。

お地蔵さまは精霊や座敷童たちを率いて懺悔の矢を衆生に放っています。天使や天女たちもお地蔵さまに率いられて希望の矢を衆生に放っています。お地蔵さまは自ら魔界に降りて、魔人たちの魔性を光明の光で打ち砕いて救済して下さっています。これは夜の夢への介入だけではありません。お地蔵さまたちの連合軍は、昼夜二交代制で衆生の意識へと介入し続けておられます。

この世の人々は、夜の夢から醒めたら、すぐに昼の夢へと落ちています。昼の夢は明晰夢ですから、それが現実だと思っているのも仕方ありません。生まれてから今まで、ずっとその明晰夢が現実でしたから。

2018年までは極一握りの人間以外の誰もが同じ明晰夢の中で生老病死をリアルに体現していました。つねれば痛いし、スイーツは甘いし、空は飛べないし、不幸の方が多いし……だから、これが現実だ！　と思っていました。

そんな昼の明晰夢にも、お地蔵さまたちの連合軍は果敢に介入を始めておられます。もちろん諸毒汚染や我欲とエゴと煩悩があまりにも強力な人には、上手く懺悔と希望と光明の光をもたらすことはできません。時には意識の中での葛藤や魔性との小競り合いが起こって無意識に落ち、それが車の暴走や店員への暴言暴力、性犯罪などを起こしてしまうこともありましたが、宇宙も神界も、それは止む無しとされています。ただ幾ばくかの緩衝材にはなるでしょう、と世界規模のコロナ騒動を容認されました。それ程、宇宙も神界も本気なのです。

恐ろしい夢や辛い夢は懺悔へと導いてくれます。

明るい近未来の夢や心温まる夢は希望を蘇らせてくれます。

魔性を打ち砕かれて正気を取り戻せば、魔界から逃げ出すことができます。

やがて内なる仏陀さまの声が聞こえてきます。今、やるべき使命が見えてくると、もう魔性に囚われることはなくなります。

空と無の世界へは、いつでも龍神が連れて行ってくれます。空性に逃げ込めば、もう如何なる魔物でも、それが例え魔王であっても、捕まえることはできません。この世を生きていく上で最高に安全安心な場所を得ることができるのです。

静寂さを禅寺に求める必要はありません。内なる仏陀さまの声に気づいた時、心も意識も内なる静寂を得ることができます。泉のように静寂が湧き出ている方へと進んでいけば、闇の神さまの世界に辿り着けます。昔は一生かかっていましたが、今は末世だからこそ、すぐに闇の神界に入ることができます。

もしせっかく得た静寂さが脅かされたり、夢が再び魔性に支配され始めたりした時には、ぜひ温泉に行ってください。できれば源泉かけ流しの本物の温泉に浸かってください。そうすれば、再び取り憑いていた魔性は浄められ、あなたの夢に介入していたお地蔵さまたちは、元の元気を取り戻します。

本物の温泉には、元気な龍神たちがたくさん泳いでいますので浸かりながら観想すれば、空と無の世界から空性へも簡単に行けるようになります。湯上がりに深く瞑想すれば、光明への入口が見えやすくなります。

空と無の世界、そして空性に行けば行くほど自然治癒力は高まります。身体全体、それぞれの臓器、ひいては細胞のひとつひとつの声が自然治癒力にフィードバックされるからです。

まず諸毒の排毒浄化が起こります。それはある意味、とても機械的に起こるので、諸毒をまだあまり排毒浄化できていない人には、酷い下痢嘔吐、アトピーや膿痂疹やケロイド、脱毛や頭痛、四肢のしびれや麻痺、強烈な倦怠感、恐ろしい幻覚や死の疑似体験などが襲いかかってきます。すでに諸毒が難病や死病をもたらしている患者さんでは、様態の急変が起こってしまうかもしれません。

この本でも諸毒の排毒浄化の話から始めたのは、この空と無の世界と自然治癒力発揮を上手く使いこなしていただきたかったからです。

空性は自然治癒力を極限にまで高めてくれますが、自然治癒力にはあくまで限界があります。我欲とエゴと煩悩も浄化してくれるので、心の病にも自然治癒力がとても強く働いてくれますが、それだけであらゆる病気が消え去り、意識が覚醒してしまうような奇跡は起こりません。

もし万病平癒を望むのなら、起死回生の奇跡を望むのなら、光明の入口に立ち、溢れ出てくる光明の光を浴びなければいけません。

光明に飛び込めれば万病を解脱してしまえますが、なにがしかの病を持っている限りは、光明に飛び込むどころか、空性に入るのがやっとでしょう。

「ここを嘘偽りなく真摯に語りかけながら、私への信心に導き、病の人たちのために日夜、祈りを捧げてくれる僧侶がいた村は、いつの時代でも、どんな僻地でも病知らずの桃源郷でした」とお薬師さまも、ちょっと苦々しい顔をしながら仰っていました。

光明の光に呼びかければ、仏陀さまもイエスさまも光の中から現れてきて下さいます。

神の奇跡、聖者の奇跡を授かることもできるでしょう。

空性の中で自我を保つことは容易ではありません。我欲とエゴと煩悩は善悪を問わず、すべてを手放さなくては空性へは入れません。そうしないと、空性の外側から眺めるだけになってしまいます。

もし己の龍神を使って空性に入れたら、すべての毒はたちまちの内に消え去ってしまいますが、それは自我を完全に喪失してしまうことにもなりかねません。

唯一、空性に持ち込めるのは、純粋無垢な一途な祈りだけです。「生きたい、助かりたい」ではダメです。「愛しています」も愛の毒が少しでも滲み出していればダメです。病を治したい。その気持ちと向きあい、深く深く掘り下げていった先に、どんな一言が潜んでいるのか？　それが一途な祈りとなります。

何もない、何も見つからない人がほとんどだと思います。だから神の奇跡は滅多に現れないのです。

神の奇跡で救われるのは、神に選ばれし者ではありません。誰もが神の奇跡を起こす鍵を生まれながらに持ってきています。ただ神が現れた時に、その鍵をサッと取り出して、神の奇跡を解放することができる人がとても少なかっただけでした。

しかし２０２２年以降は末世であるが故に、神の奇跡を解放できる人が増えてきます。それはお地蔵さまたちの夢への介入で目覚めた人たちが増えるからでもありますし、空と無の世界から空性へと簡単に行くことができるようになるからでもあります。

もう生老病死に苦悩する世界ではなくなります。食毒、電磁波毒、香毒、薬毒、愛の毒に冒され、我欲とエゴと煩悩に翻弄され続ける社会ではなくなります。

生きづらい？　不便？　貧素？　さみしい？　そんなものは新しい青空を見上げれば、サッと霧散してしまいます。

やっと天地自然の理の中に戻れたのです。空を悠々と泳ぐ龍神たちのように、この世を悠々と生きていけます。もう嫉妬もマウンティングもありません。猿たちでさえ、もうマウンティングから卒業してしまいましたし、野生の弱肉強食も消えてしまいました。進化論も色を失いました。誰もが天地自然の理を理解してしまったからです。

空と無の世界も、空性も光明も今、とても大きく門戸を開いてくれています。何かに気づけば、空と無の世界が見えてきます。この本を手に取ったあなたは、あと一歩の所まで来ていますよ。

4 光明

光明とは何でしょうか？

人間の、宇宙の、神々のルーツが光明なのでしょうか？

光明の中には、色はありません。

眩しく輝く光もありません。

光明の光は放射されることもなく、収束することもなく、ただ光明の中を満たしているだけです。それを光と思った瞬間、光明から意識もろとも弾き出されてしまいます。

空と無の世界は七次元波動です。その中に現れる空性も光明も、やはり七次元波動です。

ちなみに神々の世界は六次元波動、宇宙は五次元波動、この世は三次元波動であり、この世を同化した魔界も同じ三次元波動の中にあります。人間が死ねば、その意識体は四次元波動の黄泉の世界へと戻り、次の輪廻転生を待ちます。（詳細は拙著「菩薩医学」「黄泉医学」をご覧ください）

光明の世界におられる仏陀さまを空性へとお呼びすると、澄み切ったレモン色の光をまとったお姿で出てきて下さいます。神々しい黄金色ではなく、極自然な「実りの黄色」です。そのお姿をひと目見ただけで、意識のこわばりや緊張や畏れが消えてしまいます。仏陀さまと空性で見《まみ》えている時、仏陀さまの背後の光明からは、光の滴が猛烈な勢いで噴き出してきているのが分かります。

光の滴は、ジッと意識を向けない限り、サッとこちらの意識体をすり抜けていってくれますが、一緒に吹き出してくる光明の風には、どうしても煽られてしまいます。

そこで負けじと一歩踏み込んでしまうと、光明の風は竜巻のように荒れ狂いながら光の滴をぶつけてきます。一歩踏み込むという無意識が光の滴を石つぶてと化してしまい、仏陀さまの前から空と無の世界へと弾き飛ばされてしまいます。

仏陀さまは、背後から吹きつける風にも、光の滴にも全く動じておられません。そんなものなど無いかのように微笑まれているだけです。

光明に留まる修行を繰り返す中で、少しずつ見えてきたことがありました。それは光明の風とは、八次元波動世界から光明の中へ湧き上がってくる風だということでした。

その風は温泉のように光明の中へと湧き出しています。温泉の源泉湧き出し口のような八次元波動世界との開口部が光明の中にあるのです。

光明へ湧き出した時には八次元波動の風に過ぎませんが、光明から空性へと放たれた瞬間に光の滴が現れます。それはまるで長野の白骨温泉の湯のようです。源泉が湧き出した時には無色透明ですが、湯船に流れ込み外気に触れると白濁するのとよく似ています。

この八次元波動の光の滴も風も、空と無の世界では、光の滴は霧雨のように薄くなり、風は微風になってしまいます。

空と無の世界は龍神たちの世界です。そこには諸毒はもちろんのこと、我欲とエゴと煩悩もありません。だからこそ龍神たちがいつも気持ちよさそうに泳いでいられるのです。

この空と無の世界を訪れた神々は口を揃えて、ここはとても癒やされると仰います。そんな神々のオーラがキラキラと美しく輝きを増すことが、この空と無の世界の効能でした。その効能は、単に七次元波動を浴びたからだと思っていましたが、実は光明の風と光の滴が深く関係していることが分かりました。

元々、龍神たちの七次元世界と神々の六次元世界の境界はとても曖昧《あいまい》でしたが、空性と光明の観点から見ると、その境界もはっきりと見えてきます。

空と無の世界では、光明から吹き出した八次元波動の風は薄まり弱まっているとはいえ、まだ確かに風です。しかし六次元波動の神界では、もう八次元世界からの息吹は、私たちの世界の空気のように、ただ漂っているだけになっています。

八次元世界とゼロ次元

八次元世界とは、どんな所でしょうか？

八次元世界を訪れるためのルートは、まず空と無の世界で龍神に乗ります。そして無の世界の中心にある巨大な無の渦に飛び込み、ゼロ次元の世界へと達します。そこでゼロ次元のすべてを担っているゼロ次元の神さまにお目にかかります。

このゼロ次元の神さまも独りだけです。ゼロ次元には時空間はありません。ゼロ次元はすべての次元世界と繋がっているハブ空港のような役目をしていますから、ゼロ次元の神さまは、すべての次元世界のことを知っておられます。

初めてこの神さまとお話をさせていただいた時に、地球から来ましたと言うと、「地球？？」と完全に忘れておられました。しかし次に訪れた時には、「思い出しましたよ。あの地球ですね」とちょっと得意気に仰いました。今では地球のことも太陽系のことも、いつでも即答して下さいます。

ここには地球のすべての記録が残っています。過去だけではありません。平行次元も未来も、すべての可能性も記録されています。それは地球という大きな単位だけでなく、人類はもちろんのこと、ひとりひとりの人間の人生記録でさえ、ここにあります。

ゼロ次元の神さまと懇意になると、あなたの全記録を記録庫から取り出してきて、尋ねれば何でも答えてくれるようになります。あなたの過去生たちも、今生の平行次元たちも、今生の近未来たちも、あなたが尋ねれば教えて下さいます。

ただし今生の近未来を見て、「このままでは危ない！　何とかしなくては！」とあなたが気づいても、具体的にどうすれば良いのか？　には答えては下さいません。ヒントすら与えても下さいません。

何か生き方を変えてしまうほどの新たなことに取りかかると、近未来に平行次元が生まれて、見せてもらった近未来とは別の近未来を歩むことになります。ゼロ次元の神さまには、ひと手間増えてしまうことになりますが、そんな手間など全く意に介しておられません。むしろ近未来への平行次元が増えることを大いに楽しまれているようにも感じました。

「ここはゼロ次元だからね。ゼロは無ではないよ。ゼロこそが最大の無限なのだ。だから大いに広がっていって欲しい。私ももっともっと無限になれるからね」と嬉しそうに仰っていました。

三次元波動の人間ほど、人生の節目を自ら創る存在（生き物）はいないそうです。

天地自然の理の上で生きているものたち、存在しているものたちは、人生の節目も平行次元も創りません。三次元世界の生き物たちは皆、生老病死の理の上で生きていますが、その理に逆らおうとするのは人間だけだそうです。

弱肉強食の世界で強い捕食者に追いかけられれば、必死で逃げます。捕食者に見つからないように様々な手練手管を使います。

捕食者に追われる。それは人生の節目のようにも見えますが、決して節目ではなく、天地自然の理が必然必要に具現化した選択肢のない事象であって、助かったのも、殺されたのも、必然必要な単一の結果に過ぎません。ですから、そこからは平行次元は生じません。

そのようにゼロ次元の神さまから説かれて、なるほどなと納得しました。人間の迷いも躊躇も、その人間が創っているだけです。人生の節目も同じ。運命や偶然のように見えますが、そこに節目が現れる仕込みは、ずっと以前に仕込み終えているのです。

その仕込みをカルマと呼ぶ人たちも多いです。今生だけでなく過去生にまで、その仕込みのカルマを想定しています。

カルマという響きは、とても強力な呪縛になります。だから今から功徳を積んで、大いに廻向しながらカルマを減らしていきましょう、と宗教では説かれてきました。

しかし、その具体策が寺院や僧侶への過大な布施や労役や忍従、終わりのない難行苦行、絶対的な信仰しかなければ、それは魔性を帯びた呪縛にしか過ぎませんでした。死を迎えても、宗教界という巨大なヒエラルキーを底辺で支える人柱に過ぎなかったことに気づくこともありませんでした。

宗教の洗脳は、死後の意識体をも呪縛し続けます。死んだ時、上を見上げれば眩しい光が手招きしていても、死後は霊界を彷徨う、魔界に堕ちると信じ込まされていると、恐怖に足を引っ張られて下ばかりを気にしてしまい、光の手招きは見えません。

死後の世界は想念の現実化がとても強く起こりますから、自分で創った霊界や魔界へ堕ちていきます。さもなければ輪廻転生を想念して、再び人間界に生まれ変わってしまうことになります。

ゼロ次元の神さまに、カルマに翻弄されている生き物は多いのですか？　と尋ねたことがあります。

答えは「人間だけじゃないかな」でした。宇宙人の中には、まだ人類のように三次元世界の王様気分でいる宇宙人もいることにはいるそうです。そんな宇宙人たちは、未だに戦争に明け暮れていたり、弱肉強食で酒池肉林な快楽に溺れていたり、動物園の猿山で一喜一憂していたりしているそうです。

ゼロ次元の神さまに、八次元世界へ行きたい、とお願いすれば、ゼロ次元と八次元を繋ぐ道を開いて下さいます。その道を龍神に乗って進めば、八次元世界に入れます。

八次元世界には、もう光は見えません。光という存在そのものはありませんが、もっと穏やかな、もっと温かな、もっと美しい、そしてもっと崇高な何かに満たされています。

「それはあなたたちが愛と呼んでいるものの根源ですよ」とゼロ次元の神さまが教えて下さいました。

八次元の世界は、確かに八次元波動で満たされています。光も風も微かな揺らぎすらありませんが、筆舌に尽くしがたい聖なるエネルギーに包まれているのが感じられました。

深い深い意識のどこかに、とても懐かしい感覚が、古びた千社札のように剥がれ落ちまいと踏ん張っているビジョンが湧き上がってきました。この千社札は私が昔々、この八次元世界に残してきた唯一の印でした。

そして「おぅ、久しぶりだね。また会えて嬉しいよ」と光でも闇でもない、ただそこに在る空間から、八次元世界の意識体が現れて声をかけて下さいました。

見ることも触れることも、もはやできませんが、意識の中にはっきりと聞こえてきます。それは声ではなく、意識体の想いがダイレクトに分かる感覚でした。

八次元世界の意識体もお独りしかおられませんでしたが、八次元世界が私の意識で見えるように、声が聞こえるようにと、何らかのお姿を創って現れて下さることを、すでに私は知っていました。

私を乗せてきてくれた龍神を振り返ると、極楽往生してしまいそうな至福の表情を浮かべながら、ダラリと寝そべっていました。龍神の体も、まとったオーラも、空と無の世界では見たこともない程にキラキラと眩しく光り輝いていました。ここでは龍神の波動も八次元化してしまうのです。

意識体に手招きされたので、すぐ近くまで歩み寄りましたが、オーラは感じませんでした。この八次元世界そのものが意識体のオーラなのだ、とすでに知っていました。

意識体がハグして下さいました。六次元波動の神々や七次元の空性に現れる仏陀さまとハグした時のような強い至福感はありませんでしたが、瞬時に私が知りたかった知識、今の私が知るべき智恵が怒濤の如くに押し寄せてきて、そのまま私の意識のどこかに流れ込んだことは分かりました。

離れなければ壊れる！　と私の意識の誰かが叫ぼうとした瞬間、私は意識体から腕の距離だけ離れていました。それは数センチメートルでもあり、一由旬でもありました。

この八次元の世界では、もう想念の具現化は起こりません。想念は六次元世界の神々までがお持ちになっており、その想念の具現化を神々は嬉々として楽しまれておられました。想念の具現化が起こるのに要する時間は、次元が下る程、長くかかります。神々はほぼ同時に、五次元の宇宙人はひと息置いて、三次元の人間は抱いていた想念を諦めたり忘れたりした頃に具現化が起こります。

七次元の空と無の世界の龍神たちは、もう想念はしません。想念の具現化は、神々よりももっと瞬時に、強烈に起こせるのですが、何かを自分で想念することが、もう龍神たちにはありません。必要なものは、想念するまでもなく龍神たちの前に現れます。神々のようにもっと楽しみたい、もっと喜びたい、もっと愛しあいたい……そんな欲は、もう龍神たちには皆無ですから何も想念しないのです。だからでしょうか？　龍神たちは三次元波動の人間に一人一匹、宿ろうとしてきました。

人間は我欲とエゴと煩悩の権化ですから、絶えず想念を発しています。心の中に次々と想念が湧き上がってきて、心が静かに休まることはありません。人間に宿った龍神は、人間が発する想念を、まるで金魚が餌を飲み込むようにパクパクと味わいながら、その想念を三次元波動の中で具現化してきました。

人間の想念の具現化は、最新型64ビットでマルチコアなパソコンが数分で仕上げる作業を、昔々の8ビットのパソコンで仕上げようとするようなものでした。一晩放置して翌日になっても、まだ計算し続けている……そんな感じです。翌日になれば、次の作業が待っていますから、まだ仕上がらない前日の作業は強制的にキャンセルされてしまいます。昨日の作業も、きっと今日の作業も、三次元波動のままでは完成しない……だから想念の具現化は、三次元世界ではとても起こりにくいのです。

それでも龍神たちは、人間の愚かだけど、どこか憎めない想念を味わうことを長い間、楽しんできました。しかしこの数十年間は、人間に溜まった諸毒と、我欲とエゴと煩悩の凄まじさに傷つく龍神たちが急増したため、宿っていた龍神は空と無の世界へ帰ってしまうようになりました。

龍神が宿っていない人間は、魔物のご馳走です。龍神が去ると同時に魔物たちに取り憑かれて魔界へ引きずり込まれてしまい、魔人と化す人間ばかりになってしまったのが2021年でした。

魔物は獲物に生かさず殺さずで取り憑きます。魔人と化すと、より強力な魔物が取り憑きます。時には魔王の分身が取り憑いて魔神と化すことも増えました。

コロナ騒動下で重篤化したり死んだりする人間たちは、宿っていた龍神に見放されたからでは？　とお薬師さまに尋ねたことがあります。

「そうではありません。元々の諸毒が一番の悪化要因です。我欲とエゴと煩悩も大いに関与しています。龍神が宿ってくれている人間は、確かに魔物からも、コロナ騒動からも守られています。

魔界にこの世が同化されてしまってから、魔界は魔人たちで溢れかえっています。もう魔人は要らぬ、と魔王も思っているようです。ですからコロナ騒動で病死された方々は、魔人には相応《ふさわ》しくないと魔物に判断されて、魔毒を肉体に注ぎ込まれた方々かもしれません。その中には、魔性に染まり魔人と化すことを拒絶して、身心頭魂の力を振り絞って抵抗した方々も見受けられましたが、悲しいかな、諸毒に冒されていた免疫力や自然治癒力は魔毒に抗《あらが》うことはできなかったのでしょう」とお答え下さいました。

コロナ騒動のせいで空と無の世界に戻ってきた龍神たちは、多少なりとも傷ついたり弱ったりしています。

「龍神たちも、早く光明を抜けて八次元世界に入り、その強烈な癒しのエネルギーを浴びたいと願っています。今の状況は、そのための空性と光明への誘いでもあるのです。ゼロ次元を中継してでも構いません。空性から光明へ至り、溢れ出てくる八次元の風を龍神たちに浴びせるだけでも構いません。

龍神たちに恩返しして下さい。それはあなたたち人間の覚醒と解脱にも繋がります。そのために夜の夢にも昼間の明晰夢にも、お地蔵さまたちが懺悔、希望、光明をもたらさんと勇んで出て行って下さっています。これは龍神たちの空と無の世界、神界、大宇宙、そして人間界の総力をあげた一大ムーブメントです。私たち神々もできるだけの手助けをしていますから、あなた方もここ一番、がんばって下さいね」

今も治らぬ難病奇病、死病に苦悩されている方々は、ぜひお薬師さまと直接見《まみ》え、お言葉を授かっていただきたい、そして己の龍神に乗って空と無の世界へと昇り、空性に留まりながら光明の風で万病を平癒していただきたい、とお薬師さまは願っておられました。


八次元世界に入るもうひとつの道が空性と光明の中にあります。

まず己の龍神と共に空と無の世界から空性へと至ります。そこで己の龍神と同化します。龍神の意識に自意識を解放しながら集中していきます。凸レンズで太陽の光を極小さな一点に収束するように自意識を龍神の意識に収束すると、龍神に意識が吸い込まれたような、自分が消えて龍神だけになったように感じる瞬間があります。

その瞬間にできるだけ留まります。無念無想無我のまま、湧き上がろうとしてくる想念も意識に現れる前に捨て去ります。まだ空性の中ですから、光明から吹き出してくる八次元波動の風を浴びていますので、想念はどんどん湧き上がろうとしてきます。その湧き上がりを止めることはできませんが、龍神と化した目で、その湧き上がる点を見つめましょう。そこが光明への入口です。

龍神と化したあなたを見ます。そこには龍神が見えるだけですが、その龍神が空と無の世界に居た時の龍神の姿形とは全く別物に見えていれば大丈夫、あなたと龍神は完全に同化できています。

姿形は見えますが、すでにそれは純粋な七次元波動体に変容した龍神を、あなたの意識の目で感じ取っているだけですので、空と無の世界の慣れ親しんだ姿形とは別物なのです。

私がこの方法で初めて光明に飛び込んだ時の私の龍神は、水銀のような液体金属の様相に変容していました。光明から吹き出してくる光の滴がズボッ、ズボッと龍神の中に飛び込んでも、龍神は何の苦も無く光明の一点を見つめていました。そんな龍神だからこそ、光明に入るのも、更に八次元波動の吹き出し口から八次元世界へと遡っていくのも難なくできました。八次元世界に入ると、龍神は私の意識を分離して、そこでキラキラと美しく眩しく輝きながら寛いでいました。龍神に分離された私は、八次元世界の意識体と繋がり、お話することができました。

この空性と光明を遡っていく道と、ゼロ次元を経由していく道が八次元世界に通じる道ですが、やはりゼロ次元経由の方が簡単だと思います。

もちろん空性と光明を極めることは、解脱に達する道でもありますから、こちらの道もいずれ通らなければならない道でしょう。しかし万病平癒などの現世利益を早急に求めるのでしたら、ゼロ次元経由の道の方が確かでしょう。

裏技として、ゼロ次元経由で八次元世界に入り、帰りは光明から空性へと吹き出す風に乗って空と無の世界に戻るという手もあります。これは何度も八次元世界を訪れ、どちらの道も体験できた方なら構いませんが、一度光明から空性への道を逆走できたので、もう光明は我が物だ、などと言う我欲とエゴが意識のどこかに残っていると、八次元世界の風は、元のこの世界にではなく、とんでもない異次元世界へと連れ去ってしまう危険があります。もしそんなことになれば、この世に残された身心頭魂は完全なる虚無に陥ってしまうでしょう。

八次元世界には、もはや想念の具現化はありません。八次元波動では、想念する前に具現化してしまうからです。

お腹が空いた、何か食べたい、何にしようかな、そうだ、バナナが食べたい！　すると目の前にバナナが現れる……これが想念の具現化でした。

八次元世界では、お腹が空いたと思う前に、すでにバナナが目の前に現れています。食べてからバナナを食べたかったんだ……と思えている内は、まだ八次元波動の想念即具現化を楽しめていますが、すぐに家畜のように目の前にエサがあるから食べるだけで、もう何を食べたいと想念することを忘れてしまうでしょう。

想念することを最も楽しめるのが人間です。特に我欲とエゴと煩悩を大暴走できる三次元世界は、想念にとってはフリーウェイのようなものです。病と死が恐怖と怒りと悲しみを煽り立てて、想念をますますヒートアップしてくれます。やがて想念が制御不能に陥った人間ばかりになると、人間界にリセットがかかります。

五次元覚醒できた人間も、想念の具現化を楽しみながら暮らしています。彼らにも我欲とエゴと煩悩は残っていますが、それらを自分で制御する術を持っています。素直さと感謝と慈悲の心が想念を手懐けてしまい、もう飼い犬に手を噛まれる如きの想念の暴走は起こりません。

もしあなたが八次元世界を訪れる時には、如何なる想念をも捨て去って無我の境地、無念無想にならなければいけません。もし、私の病を治してください、という想念を持って八次元世界の意識体と見えると、この世に戻ってきた時には、あなたの病は治っているどころか、病などなかったあなたに生まれ変わってしまっていたり、戻るべきあなたの身心頭魂がすでにこの世から消え去っていて、墓標の上をさまよう羽目になってしまうかもしれません。

この八次元波動がもたらす想念と具現化の逆転を、光明の中に留まられている仏陀さまと話しあったことがあります。

仏陀さまはもちろん、八次元世界を何度も訪れられていて、八次元世界の意識体とも懇意にされています。本当に解脱できていれば、仏陀さまと同様に光明の中に留まることができるだけでなく、八次元世界にも自由に出入りできます。

「空性から光明を見定めることができた時、まだ何かに囚われているようならば、風に吹き飛ばされてしまうでしょう。しかし本当に解脱できていれば、風は追い風となってくれます。想念と具現化の逆転のちょっとした悪戯ですが、ありがたいものです」と仏陀さまは仰いました。

光明に居れば、すべての智恵があります。すべての慈悲も光明に備わっています。八次元の風に託せば、必要としている者に、必要としている智恵も慈悲も届きます。それは人間だけではありません。生きとし生けるものすべてが欲するものを届けることができます。

食を欲するものには食を、智恵を欲するものには智恵を、富を欲するものには富を、愛を欲するものには愛を、そして目覚めたいものには覚醒を、仏陀さまは風に乗せて送り続けてこられました。

この光明から空性へと吹き出す風の量も方向も調節することができます。源泉から湧き上がる湯をバルブの開け閉めで調節するような感じだそうですが、長い間、仏陀さまは風の調節には一切関与されてこなかったそうです。

しかし、なぜかこの百年あまりの間に、空性へと吹き出す風の量と方向が時々、変わってしまうそうです。なぜかしら？　と思うこともありましたが、この光明に居るのは自分だけですから、理由は分かりません。これも大きな大きな天地自然の理なのでしょう、と放任されていました。

「そんな風の調節バルブがつい最近、全開になっていました。そのおかげで空と無の世界が神界に広くのしかかり、その重みで神界が宇宙に強くのしかかってしまいました。人間界も、三次元世界と黄泉の世界と五次元世界が圧着されて、互いに交通自由な一体化された様相を呈していました。それは、あなたたちの人間界では2018～20年に当たっていました。

私はいつものように深い瞑想に入っていましたので、この数十年間の人間界の変遷は見てはいません。しかし2021年に瞑想から出てきた時、あらまぁ……とは思いましたが、風のバルブはそのままにしておきました。瞑想中に八次元世界の意識体とお話してきたことが、こうやって具現化しているのだ、と知っていたからです。

これからどうなるのかは私にも分かりません。八次元世界の意識体に想念を託したのが誰か？　も分かりません。八次元の意識体は、長い間、誰とも会っていない、と仰ってましたから。

ただ私は思うのです。私を瞑想から目覚めさせた声がありました。それはとても微かな声でしたが、確かに私の耳に届きました。

私にはその声に聞き覚えがありました。それは今のこの世の声です。人間たちの声、生きとし生けるものたちの声、天地自然の声、そして地球の声が混声合唱団のような声となって、私を目覚めさせたのでした。

今の世は、私が予言した末世そのものと化しています。そんな中でも、私に向かって祈る声が続いています。どんどん大きくなってきています。祈りがピュアになってきています。

その祈りの声が八次元波動の風を動かそうとしているのではないでしょうか。そうだとしたら、私はとても嬉しいのです。

いよいよこの世が変わり始めます。多くの人たちが覚醒し始めます。この空性にも光明にもやって来る人たちも増えます。とても楽しみです」

祈り

こうやってお地蔵さまから仏陀さまへの仏縁をいただき、この本を書き進めていくにつれて、医療の本質は祈りだ、に辿り着きました。

治すとは何でしょうか？

癒やすとは何でしょうか？

お薬師さまも「万病平癒は容易いが、万病治癒は難しいですね」と苦笑いされていました。

治してください、と神さまに祈るのではありません。

まだ死にたくありません、と神さまにすがるのでもありません。

いくらお布施をしても、毎日お百度参りを続けても、治らないことの方が多いでしょう。

祈るのです。

祈りは空と無の世界の中にあります。

祈りは空性へ、光明へと届きます。

祈りは懐かしい涅槃へと連れ戻ってもくれます。

まず自分に向かって祈りましょう。

自分のために祈ります。

空と無の世界の祈りをつかみ取るには、諸毒の排毒浄化が必須です。我欲とエゴと煩悩の解毒浄化も必須です。

誰の内にも居る龍神が目覚めてくれれば、あなたの祈りを空と無の世界へ届けてくれます。あなたの祈りを空性にも、光明にも、そして仏陀さまにも届けてくれます。

治りたい、生きたいという我欲はあって当然です。龍神にとって、そんな我欲は鼻クソみたいなもの。全然気にしません。

諸毒にまみれた祈り、我欲とエゴと煩悩だらけの祈りは、いくら龍神が空と無の世界へ持ち込もうとしても持ち込めません。それはアイスキャンディーを手に持って炎天下の砂漠を横断するようなものです。

あなたのキャンディーの棒には、何と書いてありますか？

それがあなたの祈りの本性です。

そのあなたの祈りの本性に一緒に気づくのが祈りの癒やしです。

あなたを気づかせるのではありません。

あなたが自ら気づくのです。

私もまだあなたの祈りの本性には気づけていません。否、あなたが気づくまで、私には気づけないでしょう。だって、あなたの祈りなのですだから。

あなたの話を聞くことはできます。

あなたの問いかけに答えることもできます。

あなたに寄り添うことも、摩ってあげることもできます。

心をハグすることもできます。

空と無の世界へ連れて行ってあげることもできます。

神々を呼び出すこともできます。魔物を祓うこともできます。

あなたの万病平癒を祈っています。でも、それは私の祈りです。

あなたは自分自身の祈りを見つけ出さなくてはいけません。

そのお手伝いはしますが、あなたの祈りを私が見つけ出すことはできません。それは例えお薬師さまでも……。

祈りの癒やしとは、
①　諸毒の排毒浄化、我欲とエゴと煩悩の解毒浄化に努めます。
②　空と無の世界へ、空性へと誘います。
③　光明へ、仏陀さまへと誘います。
④　涅槃へ誘い、輪廻から解脱していただきます。
付録に、私が使っている「龍神覚醒術」の誘導台本を載せておきました。お役に立てれば幸いです。

龍神覚醒術の瞑想

第四章　解脱

1　善悪

光明に至れば、もう我はありません。

空性とも無とも、ひとつになっています。

神々とも宇宙とも、森羅万象とも、ひとつになっています。

この世の生きとし生けるものたちとも、もちろんすべての人間たちともひとつです。

すべてはひとつ。

すると生命の在る無しを超越します。岩にも山にも海にも、浜の真砂にも、生命を感じ取れます。宇宙全体が生命に満ち溢れていることに気づいた時、生命とは？　の答えが分かります。

この世は生命で溢れています。

神界も、空と無の世界も、生命でいっぱいです。

空性も光明も、生命でみなぎっています。なぜなら八次元からの風が生命の源だからです。

八次元の風が空性に触れると、光の滴《ティクレ》を生みます。この滴は風に乗って空と無の世界へと流れ込み、龍神たちに変容します。

光の滴は神界にも霧のように降りてきて、神々に変容します。もう神界には八次元の風は届きません。風は層雲のように神界を包み込んでいるだけです。やがて霧状の光の滴は、層雲の中で氷の結晶をまとい始めます。これが神々の我欲とエゴと煩悩の芽生えです。

光の滴は五次元宇宙にも降りてきます。神々よりももっと我欲とエゴと煩悩をまとった滴は、重い雨粒になっています。そこは五次元波動の宇宙です。重力があります。原子核を形作る強い力も、クォークとレプトンの種類を変える弱い力も、電磁気力もあります。それらの力が波打って、宇宙にも絶えず風が起こっています。

その宇宙の風がつむじ風になると、もっと重い雨粒になります。我欲とエゴと煩悩で雪だるまになった光の滴が吹きだまりになります。それが三次元世界となり、その世界に見合った生き物を生み出します。

五次元宇宙の中に、たくさんの三次元世界が生まれてひしめきあうこともあれば、とても少ないこともあります。すべては宇宙の風次第です。その宇宙の風は、神々にも手出しはできません。この五次元宇宙の風が天地自然の理の唯一の支配者なのです。

この世の善悪はどこから来るのでしょうか？

光明から空性に吹き出した八次元の風には善悪はありません。八次元波動譲りの、想念する前に具現化してしまう力を持っているだけです。空性に現れる光の滴も同じく善悪はありません。

空と無の世界に住む龍神たちに、善悪という概念が皆無なのもこのためです。龍神たちに善悪はないので、もし悪の命令を与えられれば、その悪をすぐに具現化してしまうでしょう。

善悪とは何でしょうか？　何が善で、何が悪なのでしょうか？

三次元世界の人間にとっての善と悪とは何でしょうか？　五次元波動の宇宙人にとっての善と悪とは何でしょうか？　神々にとっての善と悪とは何でしょうか？

幸いにして三次元世界から空と無の世界に赴いて龍神を自由自在に使いこなせる悪党たちは現れていません。文明を滅亡させる程度の悪党は、まだまだ甘ちゃんの悪党です。ひとつの宇宙を消し去ってしまう、神界を蹂躙して神々を奴隷にしてしまうような悪党は、まだ現れてはいません。

神界の神々に善悪があれば、それはイコール悪魔がいるということになります。その悪魔はどこにいるのでしょうか？　神界にも宇宙にも魔界はありません。地獄もありません。

神界のどこかに魔界があって、神々と悪魔、天使と堕天使が絶えず闘っている……それは三次元人間界での幻覚妄想に過ぎません。善と悪の宇宙人が宇宙戦争しているという幻覚妄想と同じレベルの戯言《ざれごと》です。

戦争も貧困も支配隷属も、この三次元人間界にしかありません。この世界では波動が低い分、リアルに長時間、すべての悪を見ることができます。

悪があるから善が見えてきます。平和、幸福、自由、そして愛を見ることができます。

善悪は五次元宇宙にはありません。神界にもありません。三次元人間界にあるだけです。人間界の善悪のルーツを辿ると、性善説と性悪説に行き着きます。人間以外の森羅万象には、善悪の概念はありません。弱肉強食の世界にも、寄生虫や病原菌の世界にも善悪はありません。それが天地自然の理だから、それで良しなだけです。

人間に誰が善悪を持ち込んだのでしょうか？

アダムとイブを騙した蛇でしょうか？

善悪とは何でしょうか？

仏陀さまは善について、こう語っておられます。

十善戒

①不殺生（殺さないこと）
②不偸盗《ちゅうとう》（盗まないこと）
③不邪淫（間違った性行為をしないこと）
④不妄語（嘘をつかないこと）
⑤不綺語（くだらないおしゃべりをしないこと）
⑥不悪口（罵らないこと）
⑦不両舌（仲違いさせる様なことを言わないこと）
⑧不貪欲（欲しがらないこと）
⑨不瞋恚《しんに》（意地悪をしないこと）
⑩不邪見（偏見を持たないこと）

これを善だ、と定義した瞬間、これが悪だ、も定義されます。善悪二元論は古からの哲学的、神学的な難解問題でした。

この世に生を受けた瞬間から、善悪が吹き荒ぶこの世を生きざるを得ない人間には、それでも覚醒と解脱への道が心の中に残されていました。善悪から自由になる道です。それは他のどの生きとし生けるものにも、神々にでさえ残されていなかった空性と光明への内なる道でした。

仏陀さまは、難行苦行しなくても、その覚醒と解脱への道に達することができることに気づかれました。

心を落ち着かせて煩悩を静めること。洞察力を持って存在の本質（空性）を捉えること。利他心を持って功徳を衆生に分かちあうことで、その道が見えてくると説かれました。

２０２１年末のこの世は我欲とエゴと煩悩だらけでした。食毒、電磁波毒、香毒、薬毒、愛の毒に冒された魔人は皆、仮面《マスク》を被っています。この世は、仏陀さまが説かれた二十種随煩悩しかない魔界と化してしまいました。

忿《ふん》（怒り）、恨（恨み）、僑（威張る）、嫉（妬み）、誑《おう》（偽善）、覆（虚偽）、無慚《むざん》（内心に恥じない）、無愧《むぎ》（他に恥じない）、慳《けん》（もの惜しみ）、不正知（無知）、悩（後悔）、害（威嚇）、諂《てん》（へつらい）、掉挙《じょうこ》（うぬぼれ）、不信（自信のなさ）、懈怠《けたい》（怠惰）、放逸《ほういつ》（軽率）、失念（忘却）、惛沈《こんぢん》（おちこみ）、散乱（落ち着かないこと）……どれも、もはやこの世では悪ではなくなってしまいました。

そんなこの世だからこそ、心の奥が昔よりも明瞭に見えやすくなっています。自分がしがみついている我欲とエゴと煩悩が心の表層に浮かび上がってきては、持ち続けるのか、捨て去るのか、の選択を絶えず迫ってきています。持ち続けても、捨て去っても、どちらにしても想念の具現化が何らかの生き方の変化をもたらしてくれます。

浮かび上がってきた我欲とエゴと煩悩を心の表層から払い除けて心の奥底を覗いてみると、ブクブクと泡立てながら鈍い光を放つ滴が放射状に噴出してきているのが見えるでしょう。

そうです、あの空と無の世界の空性に、光明から八次元の風と共に光の滴が湧き上がってきていたのと同じ光景です。

心の奥に湧き出した瞬間に、それは我欲とエゴと煩悩に変容してしまいます。そして次々と善悪を心の中で創造していきます。

心の中に湧き出した風も、元は八次元波動の風ですが、身心頭は三次元波動ですから、八次元の想念する前に具現化してしまう途方もない力は、三次元の時間と空間と生老病死がブレーキとなって、かなり薄らいでしまっています。それでも時間をかけて想念を具現化する力は、まだ心の中に残っています。

この世が我欲とエゴと煩悩に満ち溢れている限り、善悪を乗り越えることはできないのでしょうか？

誰の心の奥にも空性があります。光の滴を辿っていけば、光明も見えてきます。この空と無の世界、空性、そして光明に意識が留まっている間は、我欲とエゴと煩悩は解毒浄化されています。

その解毒浄化力は壮絶です。初めて空性に入ると、以後の生き方がガラッと変わってしまうことがよく起こります。強烈な断捨離が起こり、目覚めたけれど一文無しになってしまった……も珍しくはありません。

空性と光明に赴く際には、崇高なる導師の随伴が必要である、と仏教では言い伝えられてきました。それは空性を実感した後に起こる強烈な断捨離の中で、自分を見失わないように、解脱への道を踏み外さないように見守っていてくださる導師が確かに大切だからでした。

空性の断捨離の中では、自我意識は全く無防備です。さなぎから羽化したばかりの蝶々のようなもので、この世の我欲とエゴと煩悩の網に簡単に捕らえられてしまいます。

空性の中には、もはや善悪はありません。無我であり色即是空です。しかし、この世へ戻ってこなくてはいけません。直ぐに心の中の空性から我欲とエゴと煩悩が溢れ出してきて、心を善悪でいっぱいにしてしまいます。

善悪は仕方ありません。まだ空性を知ったばかりですから。導師は、そんな心の悪を掃き清めて、あなたの心が悪に染まらないように、空性を見失わないように導いて下さいます。

導師は名だたる宗教家だけではありません。特に宗教界そのものが魔界と化してしまった今、宗教界のヒエラルキーの上の方だから、有名人だから、あなたの善き導師になれるわけではありません。

ゾクチェンでは、覚者が死ぬと虹の体となると言われています。亡くなった時、四方八方の天空に向かって虹が何本も現れ、死体は爪と髪だけを残して消えた、と記録されています。この虹の体となるのは僧侶だけはありません。信心深かった市井の人々でも虹の体となった目撃談が数多あります。

導師も同じで僧侶にこわだる必要はありません。仏陀さまもイエスさまも、すでにこの世に何度も転生されていますが、必ず宗教者に転生されるわけではありません。むしろ市井の貧しき人や病める人に転生されることの方が多かった、と仰っていました。

空性へ導かれ始めると、見えるものが変わってきます。これまで見えていなかったものが見え始めます。人々のオーラや波動が見え、その人の心の声が聞こえるようになります。

すると、やがて自分の導師と出会うチャンスが訪れます。

それは初めての出会いではありません。これまでの過去生で何度も師弟として人生を共にしてきたので、とても懐かしい、嬉しい、愛しい感じがするでしょう。師弟だったワンシーンがデジャブしてくるかもしれません。

目の前に現れた導師は、まだ子供かもしれません。日がな一日ベンチに座ってブツブツと何かを呟いている老人かもしれません。人間だけとは限りません。犬や猫、草木が導師になって下さることもあります。


空性に入ると無我になります。もう導師の言葉も聞こえません。見守ってくれている導師の存在感も無に消えます。やがて自我も無くなります。

すべてが無に消えてしまうのではなく、すべてが「在る」に溶けてしまう感覚です。無我も仏陀さまも森羅万象も溶けてしまいます。空性は具がトロトロに溶けてしまったスープの様です。確かに無我も仏陀さまも「在る」のですが、スープなのです。

もうそこには善悪はありません。それは旨い、不味《まず》いの様なもので、スープはそんなことなど意に介しません。すべての可能性がそこに在り、すべての想念も然り、そこに在るだけです。

その空性からこの世に戻った時に、どこに立っているのか、何になっているのか……善悪とはそういうものです。

入滅されてからずっと、仏陀さまは光明の中に留まっておられます。そこは空と無の世界の最深部であり、八次元の風が湧き出してくるところです。光明では全てが無我ですから、風も無我でした。無我ですから善悪はありません。空で光の滴が風に舞って集まると龍神となりましたが、彼らも無念無想無我のままでした。

諸毒と我欲とエゴと煩悩に染まっていた人間界に仏陀さまが生まれ、悟りを開いて仏法を説かれ、生老病死に惑う人間たちに看取られながら入滅されました。その時、すでに人間界が最悪な末法に陥ることを予見されていました。

この世に生ある内に、仏陀さまはすでに何度も光明に入っておられました。そこで、とても深く安らかな瞑想に浸ったままの自分自身の姿を見てしまうと同時に、悟られました。人間界に善悪をもたらしたのは自分であることを。

空と無の世界には時間はありません。究極の因と果を同時に見ることができます。八次元の風は刹那に果因を顕現します。人間界の滅亡という果は、自分の悟りを因としていたのでした。悟り説いてきた仏法が放つ波動を光明の中に持ち込んでしまったがために、その波動を、八次元の風が即座に光の滴に具現化して神々を生んでしまいました。神々は生まれながらに仏法の成就者でしたが、善悪を見定める自我も持っておられました。もっと美しく、もっと楽しく、もっと愛しく……そんな我欲も持っておられました。

仏陀さまは深く溜息をつかれましたが、致し方ありません。宇宙人たちの世界へ、黄泉の世界へ、人間界へと次元が下がっていくにつれて、善悪も我欲とエゴと煩悩も大きくなっていきました。

自分が光明に入らなければ、こんなことには……とも思われました。自分が涅槃に入るのは容易いことだが、この世の衆生はいつか自分を必要とするだろう。この世に生老病死を、善悪をもたらしたのは自分なのだから、この世の衆生を輪廻の渦から救済するまでは、この光明に留まり続けようと決意されました。

空性から光明が見えた時、まだ無我の意識をわずかでも残せていたならば、光明の中に仏陀さまのお姿が見えるでしょう。仏陀さまは光明の先を見てはおられません。空性からこの世を見守って下さっています。

仏陀さまの願いはただひとつ、衆生救済です。我欲とエゴと煩悩に翻弄される輪廻転生の呪縛を解き放つ衆生救済です。

涅槃に転生する人もいるでしょう。新生したこの世で余生を送る人もいるでしょう。輪廻にしがみつこうとする人も、無に帰する人もいるでしょう。

どれを選ぶかは、その人の魂次第ですが、仏陀さまは衆生ことごとくを涅槃へ導きたいと願っておられます。だから今でも光明を背にしたまま、空性からこの世を見守られているのです。

空性をよく見渡してみると、深い海の色をした部分があることに気づきます。八次元の風と光の滴は、その深く澄み切った空性の海からは溢れ出てはきません。

それは仏陀さまの涙の海でした。とても穏やかに微笑まれている仏陀さまの頬に、確かに涙が光っていました。ポタリ……ポタリ……と落ちた涙が何劫《こう》もの長い年月をかけて海と化したのでした。

この空性の涙の海は、慈悲の源です。空性の風が慈悲を空と無の世界へと勢いよく運んでくれます。龍神たちは皆、慈悲に染まっています。例え三次元世界の人間であっても、我欲とエゴと煩悩を手放し、慈悲深く素直な心で瞑想すれば、己の龍神を呼ぶことも、龍神と共に空性へ赴き、仏陀さまと見えることも可能であるのは、この慈悲が繋いでくれる仏縁なのです。

五次元宇宙から見上げると、神界は白いフワフワした雲の上にありますが、この雲も仏陀さまの慈悲の雲です。五次元宇宙も、三次元世界から見える宇宙も、慈悲で満ち溢れています。

慈悲が見える目で宇宙を見上げれば、眩しく美しい慈悲の光で満ち溢れていることに驚くでしょう。その驚きは、すぐに感謝と安心と喜びに変わります。それが本来の自分の故郷であり、本当の自分が居る場所なのですから。

なぜこの世の宇宙が暗黒なのか？　それは遊園地のお化け屋敷と同じだからです。暗くないと、お化けの正体がバレてしまうでしょう？

魔界も同じです。暗くないと魔物は威張れません。魔人も目覚めて、元の人間に戻ってしまいます。そんなお化け屋敷のこの世にも、慈悲は光となって射し込んできます。だから、せっせと暗くしなくてはいけません。もっと暗く、もっと暗く……我欲とエゴと煩悩を燃えたぎらせれば、もっと暗くなります。光が射し込む所には悪を塗り込めます。慈悲の目眩ましにはタール状のベトベトした真っ黒い悪が最適です。

もうこの世は真っ暗闇です。慈悲の光も、もう全く射し込まなくなりました。仏陀さまが予見された末世となりました。

それでも仏陀さまは、この世を見守って下さっています。いよいよ衆生救済です、と微笑まれています。

そして衆生救済を誓願されていたお地蔵さまに、いよいよですよ、と声をかけられました。

お地蔵さまは即座に衆生救済に乗り出されました。

我欲とエゴと煩悩に翻弄されている人の心には、懺悔の矢を放たれます。失望と悲哀と病に苦悩する人のハートは、希望の矢で射貫かれます。魔界を彷徨う魔人たちには、光明の矢で魔性を射貫き光の手を差し伸べられます。昼は明晰夢の中で、夜は夢の中で、休むことなく救済は続きます。

もし最近、デジャブが気になったり、夜の夢に何か変化を感じ始めたら、それはお地蔵さまの救済があなたにも届いた証です。赤い薬・青い薬ではありませんが、この世の誰もが２０２２年以降、一度は向きあう魂レベルの選択肢です。それは年齢、性別、人種、貧富、職業、信仰、病状などとは一切関係なく訪れます。正誤も善悪もありません。魂の声とは逆を選んでも構いません。ただそれだけのことですから。

仏陀さまは光明の中におられます。仏陀さまは、この世で悟り解脱されました。そして善悪を説かれました。何が善で、何が悪か。その刹那に時空を超えて、光明の中の仏陀さまのもとへ善悪のフィルターが持ち込まれました。光明から空性へと吹き抜ける八次元の風も、その善悪のフィルターを通るようになりました。空性に現れる光の滴も、善悪の色を微かに帯びるようになりました。

善悪が広がるこの世が仏陀さまを生んだのか？　仏陀さまが善悪で染まるこの世を創られたのか？　そもそも因果を逆転させて果因にしまう八次元の風を光明に吹き込ませる穴を開けたのは誰なのか？　なぜなのか？

まだまだ分からないことばかりです。仏陀さまご自身にも分からないそうです。ただひとつ言えることは、それがなければ、この世も顕現しなかった。仏陀さまも顕現しなかった。神界も宇宙も、この世の森羅万象も……顕現しなかったのです。

仏陀さまが現れなかった七次元以下の次元世界は、ただ在るだけでした。三次元の地球には、人間はいません。植物や動物たちは、ただ本能のままに生きているだけでした。

そんな地球は眠ったままです。動植物たちの集合意識も眠ったままです。それはまるで開園前の遊園地のようでした。観客も従業員も誰ひとりいません。見守る神々も、うらやましそうに見つめている宇宙人も、誰ひとりいません。青空を見上げてくれる人もいなければ、空と無の世界を泳ぐ龍神たちもいません。

静寂ですが音はありました。木の葉が舞い散る音、雨の音、風の音、動物や鳥たちの鳴き声……でも人間が出す耳障りな音、人間たちの嘘偽りだらけの声は皆無でした。

地球も、生きとし生けるものたちの誰もが、そんな静寂に文句は言いません。面白くない、楽しくない、とも思いません。比べるものがないからです。そこには生死しかありません。否、生死すら昼と夜の繰り返しのようなもので無に等しいものでした。

八次元世界の意識体は危惧されました。このままでは、八次元世界が立脚できる低次元世界は無に帰してしまう。足下を見れば、無の世界の大きな渦に向かって落ち始めているではないか！

その八次元世界の意識体の危惧に果因が働き、八次元世界を蹴破るようにして、穴が七次元の空と無の世界に開きました。瞬時に龍神たち、神々、宇宙人、そして人間がいる世界が顕現されました。

果因は強力ですから、その世界には同時に仏陀さまも顕現していました。光明の中にも、この世のあらゆる時代にも、そしてすべての生きとし生けるものの中にも、もちろんすべての人間たちの中にも、仏陀さまが顕現していました。

　２０２２年以降も、誰の心の内にも仏陀さまが宿って下さっています。そのお姿は我欲とエゴと煩悩の黒雲の中では見えません。

　静かに瞑想すれば、その黒雲を払い除けて空性へと続く青空を見上げることができます。空性に行き慣れた方なら、仕事中でも、通勤途中でも、フッと息を吐いて青空を観想するだけで空性に入れます。

　空性に入れなくても、空性に向かって意識を向けるだけでも構いません。神仏を呼べば神仏が、仏陀さまを呼べば仏陀さまが現れて下さいます。車の運転中や歩いている最中なら、心の声だけで対話できます。

　内なる仏陀さまは、様々な姿に変容して現れて下さいます。金色のことも、クリスタルのことも、木像のことも、光だけのこともあります。大きさも、放たれるエネルギーの色と形も変容しますが、その時のあなたに最適なお姿で現れて下さることだけは確かです。

　誰もが簡単に内なる仏陀さまと結ばれることができます。それはこの世がここにあり、あなたもここにあり、今日も天地自然が寸分違わず脈動している所以でもあるからです。

2　因果を超える道

この世の様々な事象には因果があります。何らかの原因があって、その結果が生じます。生と死は典型的な因果です。生が無ければ、死も起こりません。

病気を治しに病院へ行きます。医者は診察と検査で病因を探ります。そして、その病因を投薬や手術などで消し去ろうとします。病因を消すことで、果の病気も消えることを経験的に知っているからです。

例えば糖尿病の治療なら、投薬と食生活指導です。これで因果を完結させてしまうのが現代医学です。なぜ食べ過ぎるのか？　なぜ運動嫌いなのか？　にまで踏み込む医者がいても、結局は心療内科に丸投げして終わります。幼少期や胎児期のトラウマが因かもしれません。過去生に因があるかもしれません。天命や天職を遂行するという魂の決心が因かもしれませんが、そんな因は手つかずのまま残されます。

病気には必ず原因があります。その因果は数珠つなぎのまま、もつれあっています。ほどいてもほどいても中々根本原因には辿り着けません。体力も気力も時間も、根本原因が見えてきた時にはすでに……なことがほとんどです。

それは東洋医学でも波動量子医学でも同じです。右の乳癌と左の乳癌の原因が違うこと、守護霊や霊障と病因の関わり具合などは診断に加味しますが、それでも根本原因には手が届いていないことがまだまだ多いです。

病気の根本原因が過去生にあることもあります。「光の前世療法」で病気の原因をターゲットにすると、無数にある輪廻転生の中から、潜在意識と神意識が最適な過去生をピックアップしてきて見せてくれます。それだけで治ってしまう方々も多いのですが、中には再燃再発したり、全く別の病気が現れたりする方もいます。何度も病気の原因となった過去生を見ているうちに、とうとう神意識から「もうありません」と言われてしまったこともありました。

それでも何とか根本原因を見せてください、と神意識にすがりついて見えてきたのは、今生の生まれてくる直前に、守護神さまに向かって、今生の天命を果たす決意を語っているビジョンでした。今生で最適な時に最適な病気を患うことで、神託された天命を果たせることを魂だけは知っていたのです。私の診療を受けに来るまでに様々な治療を受けてみることも、私の催眠誘導で幾つもの過去生たちをがんじがらめにしていた呪縛とカルマを浄化し解き放つことも、魂だけは知っていました。

「やっとここまで来ましたね。あと一歩です。あなたはもう気づいていますね。その気づきを具現化すれば病は消えます。あなたの輪廻転生も終わります。もうこの世に生まれ変わることもありません。次はあなたの好きなようにできますから、楽しみにしておいて下さい」と守護神さまは嬉しそうに仰いました。

仏陀さまが輪廻転生を認めていたかどうか、は今でも仏教界の論争の的ですが、「私は誰の心の内にも宿っていますからね。私は仏陀、あなたも仏陀、みんな仏陀で良いじゃありませんか。いつの時代も、そして特に今のこの世には、何百何千人もの私、仏陀が転生していますよ。それをどう表現しようとも、しょせん言葉の綾です」と仏陀さまは微笑まれていました。

因果の数珠つなぎを全てバラバラに切り離して、因と果を解毒浄化することは不可能に近いです。だから輪廻から解脱することも非常に難しいと思われてきました。

「それは切ろうとするから難しいのです。手放すのです。手放せ！　手放せ！　手放せ！　です」と、ある夜の夢の修行で光明に居られる仏陀さまは仰いました。

「どの因果も、善悪と生死、我欲とエゴと煩悩が原材料です。誰もが人生という細い一本橋をバランスポール頼りに渡っているのです。ポールには、善悪、生死、我欲、エゴ、煩悩のどれかが左右にぶら下がっています。中には片側に2つも3つもぶら下げている者もいますが、それも良しです。

落ちれば、また振り出しに戻って渡り始めます。渡りきるまで繰り返します。ずっと昔から、そうやってきたのです。橋のゴールこそが涅槃だ、天国だと誰もが信じています。それもまた良しです。

渡り始める時、ポールにぶら下げるものを自分で決めます。大きいほど重いですが、それも良しです。ぶら下げる位置も自分で決めます。橋のたもとにも橋の上にも時間はありません。だから何千回何万回落ちても、ついさっきのことですから経験値は膨大になります。この世で左脳的過ぎる人たちは、この経験値を徹底的に分析しようとするのが人間の面白さです。

橋のたもとには、教え魔もうようよいます。消極的過ぎる者や自己卑下の強い者たちは、そんな教え魔の餌食となります。それじゃダメだ、こうしなさいとのアドバイスを受け入れては落ちるのです。谷底から這い上がってきても、また教え魔の餌食です。時には前と同じ教え魔に捕まってしまいますが、気づかないのです。人間とは面白いものです。

最近では、誰もがとても大きな重しをぶら下げるようになりました。ポールを両手で持ち上げるのがやっとこさで、橋の上で歩けなくなってしまう者が多いのには、さすがに良しとは言いにくいのですが、これも仕方ありません。

魔物が飛んできて、もっと悪だの、我欲だの、エゴだのをポールにくくりつけていくようにもなりました。するとね、誰もが嬉々とした顔をするのですよ。嬉しくてしかたない、楽しくてしかたない、大満足だ！　な顔をしたまま落ちていくのです。これには私も、さすがに末世だなと思いました。

もう分かったでしょう、ポールを手放せば良いだけなのです。バランスポールなしで、こんなに細い一本橋を渡れるのか？　と思うでしょうが、ちゃんと渡れるのです。

橋のたもとで、まだ何も重しをつけていないポールを握った時、誰も橋の太さを見てはいませんが、確かにポールなしでは渡れそうにはないような太さになっています。そして色々考えながら重しを付けていくのですが、付ければ付けるほど橋は細くなっていくのです。遊園地のマジックショーレベルな小細工ですが、誰も気づきません。ポールの準備に集中しているからでしょう。そしていざ一歩踏み出す時には、細い橋だな、またムリかな、とは思いますが、何か変だとは気づかないのです。

橋の途中でグラついて落ちそうになった時、魔物が重しを持って来てくれると、一瞬ですが立ち直れます。足下の橋が更に細くなったことには気づかず、魔物に礼を言う者たちも多いのです。そして、また落ちていきます。

以前、重いポールでは、この橋は渡れませんよ、と橋のたもとに立て看板を出してみたこともありましたが、誰ひとり、うなずいてやってみる者はいませんでした。それどころか、直ぐに看板は蹴り倒されて谷に投げ込まれてしまいました。人間なんてそんなものだな、と思いました。

だから、もう静観することにしました。橋のたもとで神仏に祈ってくれる者にはコソッと耳打ちはしていますが、もうそんな信仰心の篤い人間はいなくなってしまいました。

ところがつい最近になって地蔵たちが大勢やってきて、橋を渡っている者たちを助けようとし始めました。

大声で『手放せ、手放せ、そのポールを手放せ！』と叫んでいる地蔵たちがいるのです。

希望の矢を震える心臓目がけて射っている地蔵たちもいるのです。懺悔の矢でポールの重しを射落とそうとしている地蔵たちもいるのです。せせら笑っている魔物たちの魔性を光明の矢で射貫こうとしている地蔵たちもいます。

そんな地蔵たちの大活躍のおかげで、ポールを投げ捨てる者が現れました。ポールを手放した途端に、足下の橋は太くなります。地蔵が放った矢が心を射貫くと、橋はもっと太くなります。もうバランスを取る必要がなくなったのです。

そのまま手ぶらで橋を渡っていくと、足が橋から浮いてきます。まるで見えない階段を上っていくように天空へと上っていき、そのまま涅槃へと入るのです。

これが解脱です。因果の呪縛を投げ捨ててしまったのです。もう輪廻を背負うこともなくなったのです。これが私、仏陀の道《タオ》です」

そう言い終わられると、仏陀さまはホッと一息つかれました。光明が美しく茜色に染まる里山の光景に変容すると、藁葺きのちょっと大きめの家の縁側に仏陀さまと私は座っていました。お茶がふたつ、のんびりと湯気を立てています。

「今は無心で、この風景を味わいなさい。これも正しく光明ですから」と仏陀さまは嬉しそうにお茶をすすられました。

夕立もないのに七色の虹が茜色の空の向こうから、ゆっくりとこちらへ架かってきました。その虹の橋を渡って、老女がひとり、やってきました。虹色の衣をまとっているように見えましたが、すぐそばで見ると、体そのものが虹色の光を放っていました。

「老子様のお帰りです」

仏陀さまと抱きあい一言二言囁きあわれると、老女は家の奥へと消えてしまいました。虹の残り香がほのかに漂ってきます。

「老子様も、末世と化したこの世の衆生を救済しようと、こうして様々な姿に分身して道を説いて下さっています。特に国家に弾圧されたり、企業に搾取されている人々の中に現れて、分かりやすく道を説きながら、生きる気力を与え続けて下さっています。乞食同然の姿ですから、権力者や強欲な魔人たちには見つかりはしません。最後は餓死や処刑されて亡くなりますが、遺体は虹に変容して消えてしまい、ここに帰ってこられます」

仏陀さまが掌をゆらゆらと回されると、虹の香りが綿菓子のように集まってきて、小さな虹の珠ができました。

「遺体が虹に変容する様を多くの者たちが目にします。飢えに苦しんでいる者たちには希望と祈りを、処刑の場にいた兵士たちには恐怖と懺悔をもたらしてくれます。何より知らせを受けた権力者と魔人たちには、底知れぬ不安と恐怖をもたらします。直ぐにこの世が変わるわけではありませんが、この世の屋台骨が道《タオ》に蝕まれていくのは確かです。まるでシロアリのようにね」

仏陀さまは掌に浮かぶ綿菓子をちぎって、私に下さいました。

「この世の衆生はいよいよ目覚めます。権力者や魔人たちが思っている通り、ひとりひとりの力など取るに足りないのは事実です。しかし覚者たちの足踏みは、これからどんどんと大きくなっていきます。シロアリに蝕まれた屋台骨が揺れ続けると、やがて支えられていたこの世が崩れ始めます。もうそれほど先の話ではありません。

覚者たちには道が見えています。その道に隠れていれば、新しく建て直されたこの世で暮らすことができます。その道をたどって来れば、この光明の世界へとやって来られます。ほら、もうこんなに、こちらの世界へと戻って来ていますよ」

そう仰いながら仏陀さまが指差された方を見ると、里山に黄金色の田畑が広がっていました。たくさんの人影が仕事の手を止めて、仏陀さまに手を振っています。皆、笑っています。喜びと感謝が黄金色の恵みを心地良く揺らしながら、ここまで届いてきます。

仏陀さまも皆に手を振っています。まだちょっと黄緑だった若い実りが一斉に黄金色に燃え上がりました。

この世の涅槃だな、と思いました。仏陀さまも微笑みながら頷かれています。

黄金色の田畑は広大無辺です。この世の衆生、全てが移り住んでも、まだまだ余裕があるでしょう。

「涅槃だからね」

仏陀さまが綿菓子を嬉しそうに頬張りながら仰いました。

この虹の綿菓子こそが不老不死の仙薬であることを、私は知っていました。まだこの世でやるべきことがありますから、と言いながら、縁側の上で湯気を立てている湯飲みの横に置きました。ここは光明の世界です。いつか私も虹を渡って戻って来るまで、この湯飲みの中のお茶は湯気を立てていますから。

「ラップに包んで持って帰っても良いですよ」と仏陀さまが笑われると、家の奥からも大きな笑い声が聞こえてきました。綿菓子の虹色もキラキラと瞬きながら笑ってくれました。

この世で死を迎える前に、ぜひ皆さんにも、この光明の世界へ、そしてご自身の涅槃を訪れていただきたいと願っています。

ここが世界最高峰だとしても、登山道はいくつもあります。ロッククライミングを要する道も、急な石段が果てしなく続く道もあります。お花畑の散歩道が延々続く道もあれば、登っているのか下っているのかわからなくなってしまう起伏に富んだ道もあります。どの道も、古から今日に至るまで、無数の行者が切り開いてきた道ですから、必ず頂上に辿り着けます。

　登り方にルールはありません。ケーブルカーやロープウェイで登っても構いません。龍神覚醒術はヘリコプターで登ってしまうのと似ています。

　頂上の光明の世界に辿り着くのが唯一の目的です。他人との競争ではありません。優劣や勝ち負けの気持ちを持っている限り、頂上へは辿り着けません。無我にならないうちは、頂上を見上げても厚い雲に覆われていて、光明は全く見えないでしょう。

　今はともかく登る。何としても登る。絶対に登る。

　誰もが覚醒し解脱できるのが今のこの世です。

　私は夢の修行で仏陀さまに導かれながら、空性から光明の中へ入りました。そこで八次元世界から吹き出した風を一身に受けられながら深い瞑想に入られている仏陀さまを観想できました。仏陀さまを貫いた風が空性で光の滴たちを生みながら吹き出し、空と無の世界へ広がっていくのも観想しました。医学の知識ならそれなりにありますが、宗教の知識、特に仏教の知識は中学生レベルのままです。この世に図書館とインターネットがあるから、拙い知識を補いながら、こうやって仏陀さまのこと、空性と光明のこと、覚醒と解脱のことを書くことができています。

これで良いのですか？　と仏陀さまに何度お尋ねしても、微笑みながら「それで良いのです。それだからこそ良いのです」と仰って下さいます。

私の龍神覚醒術を用いたヘリコプター作戦を邪魔するものは、自分の意識しかありません。内に蔓延っていた悪を見つけ出した時には、００７のようにその悪をヘリコプターから叩きだしてしまいましょう。善悪は一体ですから善も同時に消え去りますが、空が一面に広がります。そして気がつけば空性にいます。一歩踏み出せば光明です。きっと仏陀さまが手招きして下さっているのが見えるでしょう。

この世のすべては因果の上にあります。想念して、やがて具現化するのも因果の現れです。その想念を具現化するパワーの源は、八次元世界から光明に坐しておられる仏陀さまを貫いて、空性へ噴き出している八次元波動の風でした。それは因果を顕現する源でもあります。

三次元世界では、想念が具現化するまでには、とても時間がかかりました。因果も同じです。因が果となるには時間を要しました。時には過去生の因が今生で果を結ぶこともあり、仏教ではカルマとして認識されてきました。

五次元宇宙では、想念すると直ぐに具現化するように感じられますが、その宇宙にはまだ時空間があるので、神の目で見ると想念と具現化の間にタイムラグがあるのが分かります。因果は時空間を超越することを宇宙人たちはよく知っていますので、その因果を上手く使いこなすことで、宇宙の時空間の呪縛を緩めてタイムトラベルや宇宙旅行を楽しんでいます。

六次元の神界では、想念は即具現化していると神々は思われています。もう想念と具現化の間にタイムラグはありません。想えば刹那に叶います。ただし、想わなければ何も叶わないのが神界です。

神界には、もう時空間はありません。すべてが「今ここ」です。ですから神々の前では因と果が同時に現れますが、神々は果にしか興味を示されません。それは、私たち人間が熟した果物を手に取った時に、その美味しさには思いをはせますが、その果物が育った土地のことや農家のことに想いを向けることなどないのと似ています。神界にも因果はあります。ただ神々は、もう因から何かに気づき学ぶことは不要だと思われています。それで神として何ひとつ差障りはありませんから、それで良いのです。

七次元の空と無の世界は、もっと想念が即具現化してしまいますが、そこに住む龍神たちは全く想念をしないので、このパワーは意味を成しません。しかし因果は予想外の展開を見せてくれます。因果が逆転して果因となって顕現するのです。これも刹那の出来事ですから、果因となっても龍神たちには何ら支障はありません。

八次元波動の風に近づけば近づくほど、この果因は強くなります。光明でこの風を一身に受けられている仏陀さまにも、この果因が強く顕現します。仏陀さまが無念無想無我の中に居られるからこそ、果因は時空間を越えて、この人間界には何も顕現しなかったのです。

八次元波動の風にとっては、仏陀さまが光明に坐しておられることが果と映りました。そして刹那にその因を顕現しました。それは仏陀さまが人間界で歩まれた人生でした。人間仏陀そのものを顕現したのです。それがまた果となり、人間界に善悪が顕現しました。同じく愛も顕現しました。生老病死も顕現しました。善悪も愛も生老病死も、人間仏陀という果をもたらすための因だったのです。

もし人間仏陀が顕現されなかったら、人間界も宇宙人たちも神々も涅槃も顕現しなかったことでしょう。

因果があるから、この世があります。

因果があるから、仏陀さまがおられます。

いくら因果の呪縛は嫌だ！　と叫んでも、三次元世界や五次元宇宙に居る限り、例えあなたが神界に逃げ込んだとしても、因果の呪縛からは逃げ切れません。なぜなら、それが人間だから。

しかし人間だからこそ、因果を越えることができることを、人間仏陀は見せて下さってもいます。釈迦王から出家し難行苦行の果てに覚醒解脱して仏陀となることで、私たちに因果の呪縛を断ち切る道を示して下さっているのです。

「私にできたことは、あなたたちにもできます」と仏陀さまは力強く仰っています。

人間仏陀が解脱できたことが果です。因は私たちも覚醒解脱することです。仏陀さまが八次元の果因の風を浴びて下さっている限り、この果因は必ず成就します。

仏陀さまが私たちを見守って下さっている限り、私たちは善悪と愛と生老病死に翻弄されます。これも因果であり果因です。

なぜ？

それは面白いから、楽しいから、笑っちゃうから……ですか？

八次元世界の風が七次元世界に漏れ出さなかったら、空と無の世界も神界も宇宙人の世界も、この人間界も生まれませんでした。八次元世界とゼロ次元は、ただ無の広がりに隔てられているだけでした。空はありませんでした。ただ無だけが無限に広がっていました。

誰が、何が、なぜ八次元世界の外に広がる無に向かって風穴を開けたのでしょうか？

面白そう、楽しそう、笑えそうだと思ったのは誰？

八次元世界の意識体でしょうか？

「違います」と答えが返ってきました。

仏陀さまですか？

「私は果に過ぎません」と仰いました。

「どうやら因は八次元世界の風のようですね。噴き出すつもりはなかったけれども、風がいつも当たる無の世界との境目が何時しか動脈瘤のように膨らんで、ついにプチッと風穴が開いたのでしょう。風が吹き出すやいなや、空と無の世界と神界と宇宙と人間界、そして私が同時に顕現されたのでしょう。善悪も愛も生老病死も、時空間も同時にね。そこに無始の時の起源も見えます。因果も輪廻の起源も見えます。

私には八次元世界のことは、よく分かりません。八次元世界の風の起源も、更に高次元の世界のことも全く分かりません。分からないけれど、それで今は良しとしましょう。

だってこの世も人間も、こんなにも面白く楽しく、何より笑顔がいっぱいだから。

私は光明の中で皆さんを見守っています。皆さんを手招きしています。だから、どうぞ私の道を歩んできて下さい。

因果は私の道の石段です。私に近づくにつれて、因即果となり石段の高さは低くなります。私の目の前には、もう石段はありません。果因ですから、私に向かっての緩い下り坂に感じられるでしょう。そうです、一気に私に飛び込んできて下さい。それが解脱です。

そこが涅槃です。さぁ　どうぞ！　待っていますよ」

仏陀さまはそう仰いながら、優しく微笑まれました。

まずは空と無の世界へ。万病平癒が始まります。

そのまま空性へ。万病平癒が加速します。

そして光明へ。万病も輪廻もカルマも消え去り解脱します。

ただ、それだけのことです。

気がつけば、あなたの涅槃の中で、仏陀さまに向かって手を振っているあなたになっています。

そのままそこに居るのも良し。そのビジョンを持ったまま、この世に戻ってきて、もう少しこの世を楽しむのも良し。
どちらにしても、もうあなたは仏陀さまの道の上に居るのですから大丈夫です。

3　想念の具現化

私の涅槃の里山には、八次元世界の風がたおやかに満ちています。深い瞑想に入られたままの仏陀さまを貫いた八次元の風は、そのまま空性へと吹き出していますが、仏陀さまのお体からわずかに漏れ出すようにして、八次元の風が涅槃の里山にも広がっているのです。

八次元世界では、何かを想念する前に、その何かが具現化されて目の前に現れます。想念即具現化を超越した世界です。

平和を想念する前に、平和の中に居ます。現れた平和は、偽物でも紛い物でもない本物の平和です。軍隊も警察もいません。銃も手錠もありません。消防車も救急車もありません。火事も病気もないからです。誰も火事や病気など想念しないからです。

もしも……と不安や恐怖を想念してしまう人は、この里山には誰ひとりいません。そんな不安や恐怖の想念グセを持っている人は、例え空と無の世界には入れても、空性から光明へと入って来ることは不可能だからです。

六次元波動の神々には、まだ欲がありました。それはもう我欲ではありませんでしたが、もっと楽しく、もっと美しく、もっと愉快に……と言った「もっと」の欲でした。神々は、もっと平和に！　とは想念されることはなかったので、神界や宇宙に戦争が現れることはありませんでした。

しかし三次元世界の人間界に向かっては、もっと平和になれば良いのに……と想念されました。人間たちの平和祈願が届くと、いつも「この人間界がもっと平和になりますように」と想念して下さっていました。

神々の神界に降りてきた八次元世界の風は、想念と具現化の間にわずかにタイムラグがあるところまではパワーを落としていましたが、それでも人間からすれば絶対的な神の具現化力に見えました。

神々がこの世の平和を想念して下さる度に、戦争が巨大化していきました。激しく過酷な戦争が止むと、それだけ大きく幸せな平和が現れました。神々も人間も、良かった、良かったと喜びました。

人間は誰もが因果に縛られていますが、この世も同じ因果に縛られています。平和が果なら、その因は戦争です。その戦争が果なら、因は人間界の我欲とエゴと煩悩です。人間界の戦争と平和が詰まったマニ車を回し続けていたのは神々だったのです。もちろん神々に悪気は皆無です。人間たちの尊い祈りに応えていただけでした。

そして２０２０年正月に、この世は魔界に同化されてしまいました。神々は傍観されました。人間界は無血開城でした。神々は人間を見捨ててしまわれたのではありませんでした。ただ、それからの二年間は、じっと傍観されたままでした。

なぜ？

八次元世界の風を浴び続けながら、八次元世界の知恵を得られた仏陀さまは仰いました。

「もう直ぐ神界にも、宇宙にも、人間界にも、孵化の季節がやって来ます」

人間界が五次元宇宙へ、宇宙が六次元神界へ、神界が七次元の空と無の世界へと、それぞれが進化するのです。

魔界は、孵化を迎えようとしている三次元の人間界を包み込む卵の殻でした。

神界では、内なる欲が燃え上がり制御不能に陥ってしまう神々が現れて、終には欲の重さで神界の底が抜けてしまう事件が起こります。欲を捨て去った神々は、空と無の世界から空性へ光明へと逃げ上るでしょう。欲を手放せなかった神々は、人間界の六道輪廻に引きずられて、どこかの六道へ転生せざるを得ないでしょう。

七次元の空と無の世界には、それほどセンセーショナルな事件は起こりませんが、八次元世界への入口が大きく開くので、龍神たちは挙《こぞ》って八次元世界へと行ってしまうでしょう。その時、仏陀さまは長い瞑想から目覚められて、涅槃の里山へと帰ってこられます。涅槃には、すでに神界から上ってこられた神々も寛いでおられます。

やがて人間界、宇宙、神界、空と無の世界のそれぞれが落ち着きを取り戻します。八次元世界への入口も小さくなり、漏れ出してくる風も微風程度になってしまうでしょう。

もし次の人間界が再び仏陀さまを必要とされる時が来れば、仏陀さまは人間界に赴き、教えを説かれるでしょう。そして必要とあらば、八次元の風を背に受けながら深い瞑想を通じて、再び人間界を覚醒と解脱へと導いて下さるでしょう。

涅槃の里山は想念即具現化の世界です。里人には、もう我欲もエゴも煩悩もありませんから病もありません。生老病死の苦しみも、もう無用です。

時間と空間も、もう壁ではありません。自由自在に時間と空間を使いこなせます。今日は畑を耕そうと決めれば、どんなに広い畑でも日暮れまでには耕し終えてしまいます。もし三次元波動の人がその作業風景を見たら、超人的な速さで耕しているように見えますが、当の本人は、ゆっくりと土と戯れながら、時にはちょっと空想に耽ったりもしながら耕しているだけです。

想念即具現化を心得ていますから、空を飛ぼうと思えば飛べます。でも、それはよほどの時だけ。普段は鳥たちと遊んだり、雲に乗ってお昼寝したりする時に、ちょっと飛ぶだけです。

里山の田畑で種まきをすると、想念即具現化して翌日には豊かな実りをもたらしてくれます。でも、それでは人間も稲や野菜たちもあまり楽しめません。だから種まきをする時には、稲や野菜たちが育つのをゆっくりと楽しみたい、と想念しています。

もし、この世からとても大勢の解脱者が里山に押し寄せてきたら、きっと里山の誰かが両手を高く掲げながら十方に向かって、恵みを！　と叫ぶでしょう。その日の夕食時には、里山にいる全ての人々が豊かな食を堪能しているはずです。

そんな涅槃での光景が、逆時間の風に乗って古のこの世の人々の脳裏にデジャブとなって吹き込みました。

空性に至ることができても、身心頭魂はこの世にあります。意識を光明に留めることができていても、生身の身心頭魂は、まだこの世で生きています。それは身心頭の諸毒の排毒浄化が終わりを迎え、我欲とエゴと煩悩の解毒浄化もほぼ完了できた人たちとて同じです。

身心頭魂が五次元波動化していても、まだ古い三次元世界に片足をついて立っています。自分の波動が五次元化すると、極親しい周囲の人たちや仕事内容などから五次元世界への入れ替わりが起こり始めますが、町を行き交う人々、電車や市場で一緒になる人々は、まだまだ典型的な三次元人間のままです。この世は三次元世界のまま何ひとつ変わらず、ただ自分の周囲だけが何となく五次元世界化しているように感じられます。

請求書が来れば、支払わなければいけません。食材を買いに市場へ行かなくてはいけません。代金も払わなくては……。どこが五次元世界なの？　どうしたら五次元世界にヒョイと移れるの？　と自問自答し続けた挙げ句に、私にはムリだ、ダメだ！　と諦めてしまいます。

古い三次元世界から意識をヒョイと五次元世界に移せば良いだけだよ。

確かにその通りです。その言に嘘偽りも悪意も皆無です。しかし、それができないことは、昔から般若心経を通じて多くの人々が空と無の世界を訪れ、そのビジョンをこの世に持ち帰ったにも関わらず、涅槃の里山に住みつけた人がとてもわずかしかいなかったことが、次元世界間の乗り移りの難しさを如実に物語っています。

夢の修行を介して空性へ光明へと至ることを繰り返していると、空性と光明が明晰夢化してきます。夢だとは分かっていますが、とてもリアルなので、こちらが現実では？　こちらが現実であって欲しい、そして、こちらこそが現実だ！　となってしまうこともあります。非二元性の危険性と呼ばれている意識覚醒のピットホールです。

これは自我をまだ十分に捨てきれていない意識が光明から吹き出す風に一気に吹き飛ばされて、三次元世界と五次元世界の狭間を彷徨っている状態です。薬物使用時や我欲の強いセラピストに誘導瞑想された時に起こりやすくなります。

覚醒し解脱できても、身心頭魂はまだ三次元世界に片足をついています。それで良いのです。特に三次元世界の衆生救済の誓願を持っているのなら、三次元世界の片足を離してしまうことはできません。

三次元世界から五次元世界へ乗り移る。

そのためには、まず五次元世界が見えていなければいけません。最初は朧気ながらに見えてきた五次元世界が、とてもリアルに見えるまで頻回に五次元世界を訪れましょう。

五次元世界に暮らしている自分もリアルに創造します。髪型も肌艶も、お化粧も、服装も持ち物も、すべてリニューアルして構いませんから徹底的に細部まで創造します。家も車も、仕事も趣味もリニューアルしましょう。時間はいくらかかっても構いません。何度も中断しながらでも構いません。画家になったつもりで一枚のキャンバスに五次元世界の自分をしっかりと描ききりましょう。油絵のように上から何度塗り直ししても構いません。もっと凄いビジョンが浮かんできたから、一からやり直し！　でも構いません。

五次元世界の自分の創造は、夜の夢の中でもできます。毎夜、目を閉じると直ぐに五次元世界の自分の創造を始めるようにします。昨夜創造したイメージを忘れてしまっていたら、新たに創造し直します。昨夜と全然違うイメージでも構いません。

そのまま眠ってしまうことも多いですが、気にしないでください。左脳が強く、思考が次々と湧き出てくるタイプの人は、眠れなくなってしまうかもしれませんが大丈夫です。もし小一時間も思考が湧き上がり続けて思考の泥沼にはまってしまった時には、トイレ休憩しましょう。水を一口飲んでも構いません。思考の泥沼を恐れないで！　もう一度寝床に入って目を閉じて、自分の守護神さまを観想して、「この思考の泥沼を消し去ります、思考を捨て去ります。消え去れ！　消え去れ！　消え去れ！」と宣言しましょう。そして何事もなかったかのように、再び五次元世界の自分の創造を再開します。

私は夢の修行の中で、導師仏陀さまと問答し続けることがあります。それはまるで禅問答のように、どんどんと深みにはまっていきます。問答のテーマは「意識」だったり「空性」だったり「愛」だったり……一夜だけのことも、数夜続くこともあります。

そんな仏陀さまとの問答の際には、意識はとても明晰です。問答の内容を翌日になっても覚えています。問答の途中で、きっと眠りかけてしまうのでしょう。その眠りを払うようにトイレに行きたくなります。このトイレの間隔が30分おきで、これが明け方まで続きます。仏陀さまとの問答が一区切りついたなと思った後は、朝まで熟睡してしまいますので、この頻回のトイレは座禅の警覚策励のようなものでしょう。

この仏陀さまとの問答の際には、左脳も右脳も働いていません。思考には違いありませんが、仏陀さまの声は、常日頃のように天空から降り注いでくる感じがします。仏陀さまへの答えは、自分の内なる意識の奥から湧き上がってくる感じがします。心の奥ではなく、自我がとても薄らいだ奥深くの意識から立ち上ってくる感覚です。

それは光明から空性へと湧き上がってくる風と光の滴と、とてもよく似ています。もしかすると、仏陀さまが私を介して自問自答されているのかもしれません。もしかすると、仏陀さまが人間の自我が極めて薄らいだ意識にも空性と光明の扉があるのですよ、と教えて下さっているのかもしれません。

このように夜間頻回にトイレで目が覚めると、翌日は眠くて仕方ないのが三次元世界での普通でした。しかし仏陀さまとの問答が明け方まで続いても、翌日は全く眠気も疲れも感じません。左脳も右脳も元気いっぱいで働いてくれますし、何より意識が非常に明晰なことに驚かされます。

でも普段とは何かが違っています。それはこの世の動静に流されていない、神々のようにちょっと俯瞰してこの世が見えているという違いです。SNSの有名人たちの記事を見ると、その心情も、迷いも葛藤も、我欲もエゴも見えてきます。だからと言って、それをジャッジしてはいません。そのままこの世の動静と共に、どこかへ流れ去ってしまいますが、私は「今ここ」に立ち続けています。

意識がそのように明晰な時には、時間の流れが見えています。空間を隔てさせている距離も薄らいで消えかかっています。ドアの向こう側を強く想念すれば、どこでもドア！にしてしまえそうな感覚です。

覚醒した！　五次元世界に入った！　と感じることは、瞑想やヨガ、宗教的勤行をしていれば、突然やってくるものです。眩しい光に包まれる、神仏が現れ抱きしめて下さる、宇宙が全て自分だと分かる……時には、掌から金粉が出た、遠隔で誰かを透視できた、氣でモノを動かせた、だから私は覚醒できた！　な人たちもいます。それはそれで良いのです。覚醒に本物も偽物もありませんから、本人が覚醒した！　と確信していれば、それに良し悪しはありません。

問題なのは、その覚醒した後に古い三次元世界に留まるのか、五次元世界で生きるのか、なのです。

三次元世界に留まれば、覚者として安泰に暮らしていけます。三次元世界の人々を覚醒へと導いているという自負も、人々からの賞賛にも満たされます。信者の人々と同じ三次元世界にいますから、信者たちの三次元波動の目には、その姿がとても神々しく見えます。その声も、三次元波動の耳には、とても分かりやすく聞こえます。三次元世界の流れを読み、近未来を透視できますから、未来予想もよく当たります。

五次元世界で生きる方を選ぶと、三次元世界は夢幻の世界となって視野から薄らいでいきます。意識も知恵も明瞭なのですが、五次元世界の波動になっているので、三次元世界の人々には何を言っているのかチンプンカンプンなことが増えます。五次元世界とのリアルな繋がりは増えてはいきますが、元々の三次元世界での繋がりは逆にどんどん切れていきます。我欲とエゴと煩悩が消えていくと共に、三次元世界の友人知人との縁が自然消滅していきますが全く気になりません。やがて三次元世界の隠遁者と化してしまいます。

三次元世界に片足はついています。五次元世界にも片足で立っています。軸足は五次元世界ですが、必要に応じて三次元世界の片足に少しばかり重心を移すこともあります。

これが三次元世界と五次元世界の乗り換え術です。道端の花や公園の木とゴニョゴニョと話し込んでいる時は、その人の周囲は五次元世界です。魚屋さんで魚たちと話している時も、八百屋さんで野菜たちと話している時も、その人の周囲だけは五次元世界です。でも会計している時や電車に乗っている時には、三次元世界にちょっとだけ軸足を移しています。

どうしたら五次元世界で暮らせますか?

まずは五次元波動になりましょう。食毒、電磁波毒、香毒、薬毒、愛の毒を排毒浄化することが先決です。諸毒の排毒浄化がほぼ終われば、我欲とエゴと煩悩の解毒浄化に努めましょう。すると、あなたが創造した五次元世界が明晰夢となって現れてくるようになります。

それは夢幻のようにも思いますが、その明晰夢の中に飛び込んでしまいます。そして明晰夢の中から元々の三次元世界を眺めてみましょう。五次元波動の泡の中から、古い三次元世界を眺めてみる感覚です。慣れないうちは、その泡はすぐに弾けてドスンと三次元世界に尻餅をついてしまいますが、次第に慣れてくると、五次元の泡の中に留まったまま、三次元世界の一日が過ぎ去っていくのを見送ることができるようになります。

やがて五次元世界で暮らしている人たちとの縁が深まっていくと、五次元世界のコミュニティに移り住むチャンスが舞い込んでくるでしょう。

五次元世界には強制はありません。誰もが自由です。人生にも、もう流されることはありません。自分の自由意志で自分の人生を歩んでいきます。例え舞い込んできたチャンスが天命であっても、強制されることはありません。自分が創造した五次元世界に固執しても構いません。その世界への道は必ず開けてきますから、自分を信じて、舞い込んでくるチャンスをスルーし続けていても良いのです。

五次元世界へ移れないと悩んでいる方々は、この諸毒の排毒浄化、我欲とエゴと煩悩の解毒浄化、明晰夢への飛び込み、五次元世界の創造と自分を信じることのどこかで茨に服を引っかけてしまったかのように立ち往生しています。

夜の夢で明晰夢を一度でも見ると、そのリアルさに驚嘆してしまいますが、同時に、日中の現実も明晰夢ではないのか？　の疑念に苛《さいな》まれてしまいます。三次元世界と五次元世界に二股をかけて暮らすのも同じ感覚です。そこで悩むな！　と夢の修行の指南書には書かれていません。が、悩みます。だって生まれてからずっと「現実」だと疑いもしなかった世界が夢幻だと気づいてしまったのですから。

これこそが本当の「現実」だ！　と信じられる世界があれば良いのですが、五次元世界も夢幻のような世界ですし、空と無の世界も想念の世界でしかないぞ、と憎たらしいことを意識の中の自我が言ってきます。

自我の意識は、常に何か「現実」に立脚したがっています。できれば、これまで通りの三次元世界を我が現実にしておきたいと思っています。どうせ五次元世界なんて、まだ創造世界でしかないのだから、そんなゆるゆるな「現実」よりも、三次元世界の方が安心なのです。

ですから自我の意識は、夜に明晰夢をできるだけ見せないように邪魔をしてきます。我欲とエゴと煩悩が絡んだ夢ばかりを見せながら、意識の深潭から明晰夢が浮かび上がってくるのを阻止しています。我欲とエゴと煩悩の解毒浄化が進んでくると、五次元世界も明晰夢もどんどん頻回に、且つ明瞭に見えるようになってくるのは、このためです。

やがて自我の意識をコントロールできるようになれば、もう「現実」への立脚がなくても、自我をしっかりと保てるようになります。それは飼い犬が独りでお留守番ができるようになった感覚です。私は宇宙だ、私は神だ、私はワンネスの光そのものだ、という自画自讃もなくなります。

自我が意識の中に溶けてしまうと、意識は空性そのものとなり、遂には光明そのものになります。

空性から湧き上がってくる光の滴が意識の源であり、その滴が波動を下げるに従って、自我が生まれ育っていく過程を見てしまいます。それはまるで卵子と精子が受精して卵割を繰り返しながら胚となり、魚類、両生類、爬虫類、鳥類を経てホモサピエンスとなったプロセスを見てしまうような感じです。

それが自我の誕生プロセスです。自分はどこから来たのか？　自分とは何者なのか？　のひとつの答えを知ってしまいます。

三次元世界から五次元世界への乗り換えは、覚醒を伴います。

① 五次元世界を夢幻の中で創造します。

② 三次元世界も夢幻だったことに気づきます。

・夜、明晰夢を見たり、夢の中で「これは夢だ！」と気づく。

・昼間、ちょっとしたデジャブが起こっていることに気づく。

③ 空と無の世界を実体験します。

・自分の「現実」が空であることに気づく。

④ 空性に覚醒します。

・自我も「現実」も、時間も空間も、空性に溶けてしまう。

・神も、宇宙も、ワンネスも、空性に溶けてしまう。

⑤ 光明に覚醒します。

・私は仏陀、仏陀は私だったことを思い出す。

・仏陀でいることを宣言する＝光明に留まる。

ここまで来ると、三次元世界も五次元世界も、すべての「現実」が夢幻だったと納得できます。

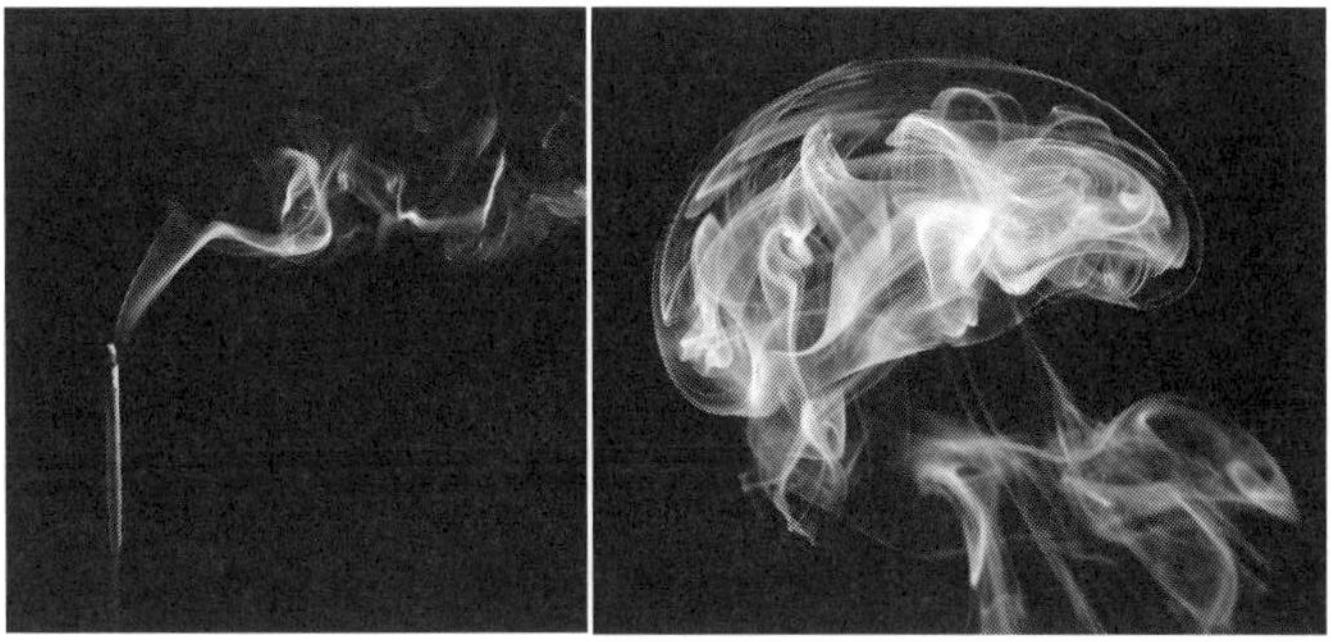

それは線香の煙にとてもよく似ています。煙は絶えず姿形を変えながら、どこかへと流れていき、いつしか消えてしまいます。私たちは、ついこの煙を目で追ってしまいます。煙が姿形を変容する様を何となく眺めてしまいます。

この煙が三次元世界であり、五次元世界でもあり、「現実」でもありました。自我が煙を眺めています。だから自我が「現実」であり、「現実」の中にしか自我は居ませんでした。煙は刻々と姿形を変容しながら流れていきます。そこには時間と空間が見えました。

この煙を眺めているだけでは、三次元世界も五次元世界も「現実」も区別はつきません。例えば、「現実」の煙はこんなふうにクラゲのように見えるかもしれませんが、煙は煙です。

ある時、フッと線香の火点が目にとまります。火点から断続的に煙が生じています。生まれた煙は姿形を変容させながら、どこかへ流れ消えていきますが、火点は変容しません。ジッとそこに在るだけです。

煙は時間に流されて空間のどこかへと消えていきますが、火点は時間も空間も無関係なまま、ただそこに在ります。

煙がすべて夢幻であったことに気づきます。火点に飛び込むと、そこにあるはずだった自我も「現実」も一点の炎に焼かれて煙と灰と化しているのが見えるでしょう。

光明から空性へと吹き出している風と光の滴は、想念する意識を生み、その意識が具現化した世界で意識を包み込んで「現実」を創ります。

三次元世界を楽しみたければ、波動を三次元に落とせば、三次元世界に自我も「現実」も創造できます。空性から吹き出して直ぐの高い波動を保てたならば、神界で自我を神として認識することで、創造した神界に神として存在し続けることもできます。

この光明が炎であり、空性が火点です。神界も宇宙も人間界も、時間と空間も、自由自在に変容し続ける煙に過ぎません。

この火点に気づいてしまえば、線香の煙に意識を翻弄されなくなります。いつでも火点は何の変化もせずに、ただそこに在ります。

火点に軸足を置いて流れ去る煙を見ていると、時間の流れがコマ送りになって見えてきます。煙と共に拡大していった空間を自由自在に拡大縮小できるようになります。もう時空間に押し潰されて羽交い締めにされ続けることはありません。時空間は、もはや紙風船のように軽やかで、どこか儚げな玩具《オモチャ》のように思えてきます。

先の図のような濃厚に固まった煙の珠は、その煙の中が自分の「現実」でしかなかったならば、その現実世界を自分が変えることはできないでしょう。ただ煙い煙いと文句を言いながら時間に流されて、最後は煙の中の世界と共に消えてなくなります。

火点に気づいていない間は、ただ煙を目で追っているだけです。気になっていた煙が消えてしまうと、また次の煙に目を向けて追い始めます。その煙も直に消えてしまいます。また次の煙へ……。これが意識の移ろいであり、輪廻転生でもありました。

火点に軸足を置いても、煙を目で追えます。

しかも火点に意識があるので、煙を変容させることができます。煙たかったら、手で払えば良いのです。形を変えてみたかったら、息を吹きかければ良いのです。

どうせ煙です。直ぐに消え去る煙です。煙が様々な姿形に変容し続けるのを眺めながら、無我の境地を磨くのも一興です。色々と干渉して煙で犬や象を作ってみるのも楽しいで

しょう。

今や三次元世界も五次元世界も、我が掌の上で漂っています。一気に吹き消すのも自由、しばらくの間、変容を楽しむのも自由です。

これが三次元世界から五次元世界への乗り換えです。火点は空と無の世界からでも遠見できます。それだけでも自分軸を火点に置くことができます。

輪廻転生から解脱するには、火点に飛び込みます。空性に入り、光明を覗き込むことが必要です。

仏陀となって三次元世界の衆生を救済したいのなら、光明に飛び込み、光明で深い瞑想に耽けられている仏陀さまとひとつにならなくてはいけません。光明の仏陀さまとひとつになることで、自分軸が光明に置かれます。光明の中の仏陀さまの目となり手足となって、三次元世界に脱ぎ捨ててきた身口意を使いこなすことができるようになります。

軸は光明にあります。身口意は光明からリモート操作されたロボットに過ぎませんが、その手は仏陀さまの手です。話す言葉も仏陀さまの言葉です。想いも知恵も仏陀さまそのものです。

五次元世界では、誰もが仏陀さまでありイエスさまです。皆、素材も色も形も、何より自我も異なっていますが、火点から立ち上る香りは、どれも芳香ばかりです。

ひとりひとりが創造する五次元世界＝煙の姿形はバラバラです。同調性はありません。統一しようとする意図もありません。無数にバリエーションがあるからこそ、無限の可能性があるのです。

芳香が集まって、ひとつの煙となります。それが五次元世界です。三次元世界も同様に、三次元人間たちが放つ煙が集まって形作られました。

タバコの煙のように、美味しい香りだと感じる人間もいれば、香毒だと顔をしかめる人間もいますが、香り自体に善悪はありません。それをどのように感じるか、の違いだけです。ですから三次元世界が好きで、そこに留まり続けたい人間は、そのままで良いのです。

ただ、三次元世界の香毒の毒性が極まった今、禁煙したい人々が急増しています。タバコに貼っていた善のレッテルを剥がして、悪のレッテルを貼り付けたのです。これが目覚めの始まりです。そんなわずかでも目覚め始めた人たちも、目覚めたけれど右往左往している人たちも、衆生救済のターゲットです。

香毒はもちろんのこと、食毒、電磁波毒、薬毒、愛の毒を排毒浄化しなければ、五次元世界の芳香を楽しむことはできません。だからまず諸毒を排毒浄化します。

我欲とエゴと煩悩を解毒浄化しなければ、自分の芳香を醸し出すことはできません。だから我欲とエゴと煩悩の解毒浄化に努めます。

解毒浄化に努めていれば、火点も自ずから見えてきます。空と無の世界から空性へ、光明へと自然に導かれていきます。

自我を手放さないと、我欲もエゴも煩悩も手放せません。自分を失うのが怖い？　無に消えてしまいそうで怖い？　頭では分かっているけど、やっぱり無性に怖い？

大丈夫です。それが人間ですから。だから難行苦行が伝承されてきました。ある意味、輪廻転生との共依存も、その恐怖心からでした。

しかし２０２２年に入って、もう怖い怖いと尻込みしてはいられなくなりました。衆生救済の誓願を錦の御旗に掲げて、お地蔵さまたちが昼夜この世で衆生救済を実行され始めたからです。

驕り高ぶる者、煩悩に狂喜乱舞する者、慈悲と布施の仏心を忘れた者たちは懺悔の矢で射貫かれます。失望や悲哀、心身の苦悩に苛まれている者たちは希望の矢で射貫かれます。すでに魔界に堕ち魔人と化した者たちは、その魔性を光明の矢で射貫き打ち砕かれます。

お地蔵さまの矢で心を射貫かれても、すぐに目覚めるわけではありません。二の矢、三の矢で我欲とエゴと煩悩、そして魔性を射貫かれ続けますが、諸毒が溜まった身心頭魂は、そう易々とは目覚めません。弁慶の立ち往生の如くに射貫かれて、やっと心は目覚め始めます。自ら矢を払い除けて、再び諸毒、五悪念と魔性が煮えたぎる世界へと戻ってしまう者たちも多いです。

それでもお地蔵さまはへこたれません。衆生救済の誓願は絶対です。昼がダメなら、その夜に。それもダメなら次の昼に、と何度も何度も、その人を救済するまで矢を放ち続けられます。

もし最近、夜の夢が変わってきたら、夜間頻回にトイレに行くようになったら、寝汗をかいたり、うなされたりする夜が増えてきたら、それはお地蔵さまの救済の矢があなたを射貫いた証です。

亡くなった方の遺影が傾いていたり、ちょっとしたポルターガイスト現象が起こるようになっていたら、それは亡くなった方が魔界から救済された証です。

「あの遺伝子毒でさえ射貫いて排毒浄化できます！」とお地蔵さまは胸を張って仰っています。

目覚めることさえできれば、空と無の世界へと連れて行くことができます。空性に浮かべば、身体中のソマチッドたちが蘇生され活性化されます。万病は平癒へと向かい、生老病死の影が薄らぎます。

「万病とは、過去、現在、未来のすべての病のことだよ」とお地蔵さまは笑っておられました。

家族は？　友人は？　と自分以外の誰かも救済して欲しい時には、自分が光明へ入り仏陀さまと合一すれば、仏陀さまの手があなたの手に乗り移ります。その手で好きな人たちを好きなだけ救済すれば良いのです。それも慈愛の廻向ですよ、とお地蔵さまも仰っていました。

4　涅槃

涅槃は光明の中にあります。

龍神と化して空性から光明へと飛び込むと、仏陀さまが深い瞑想のまま坐しておられる姿が最初に目に入るでしょう。

仏陀さまの胸のあたりから凄まじい勢いの風が空性目がけて噴き出していますが、光明に入ってしまえば、もうその風に吹き戻されることはありません。

仏陀さまの背後からは、八次元世界からの風が仏陀さまの背中全体に向けて猛烈な勢いで吹き出しています。風が当たった仏陀さまの背中には、八次元波動の母衣《ほろ》が広がっているように見えます。古の仏師たちは、これを光背として表現してきました。

こうして仏陀さまを目にするだけでも、光明の境地に浸り解脱することができます。

しかし涅槃に至るには、もう一歩だけ前進します。仏陀さまの中に飛び込むのです。ハートからでも、眉間からでも、どこからでも構いません。仏陀さまに飛び込んだ瞬間、意識は仏陀さまとひとつになります。

そして次の瞬間、仏陀さまとひとつになった意識は涅槃にいます。仏陀さまとあなただった意識が二人で涅槃で寛いでいることもあれば、仏陀さまとひとつになった意識のままで涅槃にいることもあります。

その日、あなたが瞑想に持ち込んだテーマによって、あなたの涅槃の世界は彩りを増します。私が最初に導かれた涅槃は、のどかな里山でした。それはとても懐かしい里山でしたが、今生では行ったことも見たこともない里山でした。その里山のビジョンを見た一カ月後、図書館で借りてきたブータンの写真集の中に、とてもよく似た里山の全景が載っていました。きっとこの地に何度も転生しながら、この世に自分の涅槃を築こうとしてきたのでしょう。

埋蔵経典のテーマを抱いて涅槃に赴くと、同じ里山に豊かに広がる田畑の向こうを流れる、ちょっと川幅の広い清流が見えてきました。その岸辺でパドマサンバヴァさまから埋蔵経典の作り方と解き方を教えていただきました。

パドマサンバヴァさま

第二章で述べた埋蔵経典には、大地のテルマと霊感のテルマがあります。

大地のテルマは、山河や岩山、洞窟などの自然の地形の中に隠されたり、寺院や城などの建築物の中に隠された仏像や経典を、来たるべき時に選ばれし者が発掘することを未来視して埋蔵されました。発掘者が瞑想や霊感を用いて宝物から文字や言葉を読み取ることもあれば、まったく別の誰かがその宝物を見たり触れたりした時に、雷に撃たれたかのような神秘体験を得て、宝物に秘められた文字や言葉を解読してしまうこともあります。

霊感のテルマは、そのような物質的な物は用いずに、埋蔵経典発掘者《テルトン》が瞑想や夢の中で明瞭に感じ取った経文や聞き取った言葉を自動書記するが如くに筆記したものです。霊感のテルマは、主にパドマサンバヴァさまが未来の弟子たちの阿頼耶識《あらやしき》の中に種子として埋め込まれました。

未来の弟子たちは、チベット人だけではありません。２０００年に入って、欧米に広く深く根付いたチベット仏教は開花の時期を迎えました。欧米人のラマたちも増えました。近代化の先端を行く町で豊かな生活を送ってきた欧米人だからこそ、我欲とエゴと煩悩の魔性に気づき、仏陀さまの教えに帰依することで、本物の覚醒が得られることに気づきやすかったのでしょう。

パドマサンバヴァさまが見せて下さった埋蔵経典は、掌の上に浮かぶ白雲のように見えました。モクモクと湧き出る雲ではなく、クリームパンのような形を保ったまま掌の上でユラユラと揺れている白雲です。その白雲を少しちぎっては、川の流れの中に放り込まれていました。

パドマサンバヴァさまが川の上流を指さされると、その川は八次元の風を一身に受け止めておられる仏陀さまの脇腹から流れ出ているのが見えました。

「あの風は強烈な想念の具現化力を秘めているので、ああやって仏陀さまが風の勢いを三次元の人間界に合うように緩めて下さっているのです。あの風をまともに受けてしまうと、人間の生老病死も因果応報も輪廻転生も瞬時に霧散してしまいますからね。

今の人間界で、すでに魔界に堕ちた者たち、我欲とエゴと煩悩に狂喜誑惑する者たち、諸毒に苦しみながらも諸毒をあおり続ける者たち、そんな仏縁仏恩の対極にいる衆生までもが救済される日が来るまで、仏陀さまがあそこを離れられることはありません。

仏陀さまが立ち上がられ、あの場を離れられると、風は猛烈な勢いで空性に流れ込みます。そして空と無の世界も神界も宇宙も、八次元の風が太く長い槍と化して貫き通すことでしょう。

神界の天空が破れて空と無の世界が落ちてきます。宇宙の天空も破れて神界が落ちてきます。三次元の人間界も、それに付随して巨大化してしまった魔界も、天空から落ちてきた宇宙と神界に押し潰されてしまいます。そして血をたらふく吸った蚊がパチン！　と掌で打たれたような無残な姿で、今の人間界と魔界は終わります。

これは悲劇ではありません。次への進化のステップに過ぎません。五次元宇宙は六次元の神界へ、神界は七次元の空と無の世界へ、空と無の世界は八次元世界へと吸い込まれて、それぞれの世界が波動次元の進化を果たすからです。

この進化は刹那に起こります。そして、その刹那の中で新しい次元世界たちが誕生します。仏陀さまが『始まりの無い時以来、人間は輪廻の中で転生し続けている』と仰ったのは、この次元世界たちの刹那の進化と再生をご覧になってきたからでもありました。

刹那には終わりも始まりもありません。だから人間の起源も無始なのです。あなたたちも深く瞑想すれば、この無始を垣間見ることができます。それはあなたたちの中にも空性が広がり、その向こうに光明があるからです。

あなたたちの生命の源は、空性に溢れ出している光の滴です。

あなたたちの慈愛と知恵の源も、空性から吹き出してくる風です。

だから煙のように無限に変容する人生が、あなたたちにはあるのです。あなたたちの姿形も性格も無限に変わるのです。

煙のままでは、ただ流されるだけです。生老病死に翻弄され続けることを運命だと、諸行無常だと、あなたたちは諦めてきました。

しかし、あなたたちの人生は変えられます。

『今ここ』だけに意識を向けるのです。煙ではなく、火点を見つめるのです。

そこに時空間を超越したあなた、不変不滅のあなたがいます。

もう風に流されません。仏陀さまのように風を背に受けながら、その風を追い風にするのです。

仏陀さまは誰の中にも宿っておられます。あなたは仏陀です。だから仏陀として風に乗るのです。

風は生老病死を吹き飛ばしてくれます。

風は因果応報も輪廻転生も吹き飛ばしてくれます。

風は龍神に変容して、主となったあなたをどこにでも連れて行ってくれます。空性にも光明にも、もちろん涅槃にも一気に連れて行ってくれます」

パドマサンバヴァさまが川に投げ入れられた白雲たちは、川面に抱かれたまま、ゆっくりと遙か彼方へと流れていき、やがて蓮の種に変容しました。

それはパドマサンバヴァさまご自身の種でした。

涅槃の里山を流れ下るこの川は、時空間を越えて、あらゆる時代のあらゆる国々の民人の中にも流れ込み、パドマサンバヴァさまの種を宿します。ウドゥンバラと呼ばれる大きな蓮華の種です。

そこに貧富貴賤も老若男女も関係ありません。生老病死が、この種を発芽させようと様々な刺激を与え続けます。清流が流れ込む美しい池に落ちた種だから発芽するのではありません。泥沼に落ちても立派な花を咲かせる種だってあります。水のない砂漠に落ちた種が砂嵐に巻き上げられてオアシスの泉に運ばれ、そこで花咲くこともあります。

パドマサンバヴァさまの化身は、蓮華の花が開く度に時空間を超越して人間界に現れて下さっています。そしていよいよ２０２２年を迎えたこの世は、覚醒へのグランド・フィナーレを迎えました。もう涅槃への道にも赤絨毯が敷かれて準備万端、整いました。

パドマサンバヴァさまの化身たちが発する言葉に、内なる仏性が覚醒する人たちも急増してきました。

パドマサンバヴァさまの化身は、人間としてこの世に現れるだけではありません。誰かの夢の中に現れて教えを説くこともあります。これが霊感のテルマとなります。掌の上の白雲のひとちぎりに、そっと息を吹きかけられると、その種を受け取った人間とは特に強い仏縁が結ばれるそうです。

「長い修行や勉学を経て私を見知ってもらい、私の言葉を書き取ってもらう時間は、もうこの世には残されていませんからね」とパドマサンバヴァさまは笑っておられました。

どの埋蔵経典発掘者たちの仏性も見事に花開いています。パドマサンバヴァさまが蒔かれた種が芽生えても、この世の我欲とエゴと煩悩に飲み込まれて開花できなかった者たちも多いです。種が芽生えれば、パドマサンバヴァさまの声が聞こえてきます。そこで、神の声が聞こえる！　神と繋がった。否、私こそが神だ！　と叫びながら魔界に堕ちていった者たちの方が圧倒的に多いのは、いつの時代でも、どの宗教界でも同じでした。

そんな中で、芽生えた種を大切に守り育てながら開花させることができた者たちですから、内なる仏性も見事に開花できています。古今東西の宗教界に埋蔵経典発掘者がとても少なかったのは、己の我欲とエゴと煩悩よりも、宗教界にはびこる嫉妬、憎悪、蔑みの方が遥かに大きかったからでしょう。

埋蔵経典発掘者の初心者には、夢の修行が課せられます。まず今生を振り返りながら、その時の言動に潜んでいた我欲とエゴと煩悩に気づかせ懺悔させることで、同じ我欲とエゴと煩悩を芋づる式に解毒浄化していきます。そして仏性がますます美しい輝きを増していきます。

次に過去生や平行次元や未来生の解毒浄化が続きます。

この夢の修行を通じて、この世も夢も明晰夢のような無常であることを深く実感すると共に、自分の輪廻転生をつぶさに見ていく中で、自我が薄れ、無我が明瞭になってくる悟りを得られます。

この頃になると、夢の修行の導師様と出会えます。それは、この世に生きている僧侶や覚者であることも、夢や瞑想の中に現れた聖者であることも、仏画や仏像に宿った神仏であることもあります。すでに花開いている仏性と同じ甘露な香り、同じ麗しい波動を持っておられるので、何の疑いもなく「私の導師様」だと分かります。

その導師様は、すぐに夢や瞑想を介して涅槃へと導いて下さり、仏陀さまと会わせて下さいます。初めて涅槃に入るまでには空性を学び取り、光明の境地を悟らなければいけませんが、一度涅槃に入り仏陀さまと見えれば、その後は直接涅槃に入り仏陀さまとお話することができるようになります。

埋蔵経典発掘者の中級者になると、パドマサンバヴァさまと涅槃で出会い、お話を直接聞くことができるようになります。仏陀さまと、その教えについて問答すると、仏陀さまのお答えがあまりにシンプル過ぎて、よく分からないことが往々にしてありますが、パドマサンバヴァさまは、とても平易に、例え話を織り交ぜながら分かりやすく答えて下さいます。

こうして涅槃でパドマサンバヴァさまと問答したり、時には雑談を交わしたりしながら、埋蔵経典に秘められたパドマサンバヴァさまの言葉や想念を読み取る訓練を重ねていきます。

ある夜、パドマサンバヴァさまに「平和とは何ですか？」と質問してみました。するとと白く小さな花々が咲き乱れている蕎麦畑が広がる涅槃が見えました。遙か遠くまで白い小花の絨毯が広がっています。

人影がないなと思った瞬間、夕飯のお蕎麦を美味しそうに食べている人たちの笑顔が見えました。皆、笑っています。満足しています。そして感謝しあっています。誰もが幸せでした。フッと白い小花たちの絨毯に戻ると、小花たちも笑っていました。やはり皆、満足していました。感謝でいっぱいでした。だから小花たちも幸せでした。

それが平和でした。平和しかありませんでした。

「いつか蕎麦畑を見たら、私が埋めた宝物が見つかりますよ、必ずね」とパドマサンバヴァさまは微笑まれていました。

別の夜には「愛とは何ですか？」と尋ねてみました。すると果てしなく広がる草原で、パドマサンバヴァさまと馬に乗っていました。パドマサンバヴァさまは光り輝く栗毛色の馬に、私は毛並みも神々しい白馬に乗っていました。「仏陀さまの愛馬の乗り心地は如何かな？」とパドマサンバヴァさまは笑っておられました。

二頭の馬たちは、とても心地良いリズムを奏でながら草原を駆け抜けていきます。雲が「お先に！」と微笑みながら追い抜いていきました。

茜色の美しい夕焼けが訪れると、私たちは小川の側で馬を休めて、フワフワで温かい草の絨毯の上に寝転びました。すでに焚き火が優しく燃えています。そうです、ここは涅槃ですから、何か想念する前に具現化してしまうのでした。

漆黒の夜空に無数の星々が瞬いています。美しい……ただ美しいばかりです。この世で夜空を見上げると、いつも何か懐かしい感覚がしていました。それはちょっとしたホームシックなような感覚だったので、私はあの夜空のどこかから、この星へ来たのだな、と思っていました。しかし今、この涅槃の夜空こそが、あのデジャブのルーツだったのだ！

と分かりました。

この夜空は、仏陀さまの夜空なのでしょうか？

その想念にパドマサンバヴァさまが即答して下さいました。

「これは、あなたの夜空ですよ。あなたが今、この涅槃で創った夜空です。それは同時に、あなたという時空間が生まれる前の出来事でもありました。あなたの魂のルーツよりも、もっともっと『昔』の、そう無始の頃の景色ですよ」

パドマサンバヴァさまは、私の頭を撫でながら仰いました。

「あなたも私の愛し子です。ずっとずっと、いつもいつも愛し子です。この星々の数だけ、あなたがいます。皆、私の愛し子です。そしてね、この夜空も、そこに瞬く星々たちも、皆、私を愛してくれています。ほら、この涅槃の草原も雲も風も、そしてこの馬たちも、私とあなたを愛してくれています。

私とあなたの『今ここ』は、正しく今この涅槃にあります。あなたの愛が今この涅槃を開いてくれています。それが愛です。あなたの愛だ、と私は思います。

ここには長い間、仏陀さまの涅槃しかありませんでした。仏陀さまの教えに深く帰依して、ここまでやって来た僧侶たちもおられましたが、仏陀さまが思い描かれた涅槃しか創造できませんでした。だからずっと仏陀さまの涅槃だけが、この光明の中に浮かんでいました。

仏陀さまの涅槃も、仏陀さまの愛で満ち溢れています。あなたの涅槃も愛で満ち溢れていますね、私にはそう見えていますから。これからあなたのように、この光明を訪れ自分の涅槃を創造した瞬間、全てを思い出す人たちが増えてきます。たくさんの涅槃が現れます、まるで息を吸い込むようにね。

やがて涅槃たちは仏陀さまの涅槃に溶け込んでしまいます、どの涅槃も愛ですからね。まるで息を吐くように、仏陀さまの涅槃だけが残ります。

涅槃が広がり、やがて縮む。呼吸のようでしょう。心臓の拍動のようでもありますね。そうです、光明が拍動を始めます。涅槃が心臓であり肺です。光明が生命体となるのです。

さて、この生命体の源は何でしたか？

愛ですね。これがあなたへのお答えです」

私には、それはソマチッドのルーツでもあるように思えました。パドマサンバヴァさまは、とても和やかな笑顔で応えて下さいました。

誰の中にも仏陀さまがおられます。それはイコール誰の中にもパドマサンバヴァさまも宿っておられるということです。

昼となく夜となく常にパドマサンバヴァさまの声を聞いているうちに、自然とパドマサンバヴァさまと同化できてしまいます。

それは身心頭魂だけの話ではなく、日々の生き様も思慮分別も、身口意の全てがパドマサンバヴァさまとひとつになります。内なる慈悲は衆生縁から法縁、無縁へと変容しながらドンドンと湧き上がってきます。

やがて気がつけば、無我の私《わたくし》がパドマサンバヴァさまの衣を着て、この世で生きている、生かされていることに気づきます。

これで夢の修行は終わります。

後は埋蔵経典発掘者の上級者として、実際に埋蔵経典を見つけて、秘めたれた経文や言葉を解き放っていきましょう。すでにパドマサンバヴァさまに同化していますから、その使命は簡単に果たしていけます。自分が埋蔵した経典ですから、自分が一番発掘して解読しやすいのも当然でしょう。

「あなた自身が私、パドマサンバヴァであることを深く実感しなさい。疑いは害毒です。

せっかく得た仏性の目を潰します。仏陀を信じるが如く、否、それ以上に自分を信じなさい。あなたはすでに私なのですから、全てが完全に成就します」

涅槃を訪れた誰もが埋蔵経典発掘者になる必要はありません。

しかし、この世の誰もが空性から光明へ、そして涅槃へと上っていかなければいけません。

一度涅槃に入り、涅槃の仏陀さまと見え、涅槃に某かの明晰なビジョンを残して、この世に戻ってくれば、それ以後はいつでも涅槃に戻ることができます。

これは、この世で死を迎えた時にとても役立ちます。死んで身心頭から魂が抜け出した瞬間に、解脱する！　と魂が叫びながら、しばしば訪れた涅槃を観想できれば、次の瞬間、魂は自我を脱ぎ捨てて懐かしい涅槃にいます。

死んだ瞬間、身心頭が「解脱しろ！」と叫びながら、魂を涅槃に向かって思いっきり放り投げてくれても解脱できます。こちらは死ぬまでに身心頭魂の諸毒と、我欲とエゴと煩悩が完全に解毒浄化されていないと起こりません。魂を涅槃へロングスローしてくれた身心頭は、完全に清浄な境地に至り、虹の光となってこの世から消え去ってしまいます。これがゾクチェンに伝わる虹の身体の成就です。

涅槃に入るのは、とても難しいことだと言われてきました。末世に至っては、宗教界に蠢く僧侶たちのほとんどが涅槃に至ることができなかったため、そう言わざるを得なかったのです。それも方便ですから咎なしです。しかし末世だからこそ、そんな方便も冬の枯れススキのようになってしまいました。

涅槃に入り解脱するのは簡単です。死ぬまでに瞑想などで涅槃に入っておけば良いのです。一度入れれば、後は自由に、簡単に涅槃に入れます。

特に病や老いで死を意識し始めたならば、毎日、昼夜を分かたずに涅槃に浸りましょう。この世よりも涅槃の方が自分の本当の居場所だと思えるようにします。この世はしょせん夢幻だ、涅槃こそが我が故郷だ、と夢の中でも呟けるようになれば、もう大丈夫です。死が怖くなくなるだけでなく、死の本番を迎えるのが待ち遠しくもなります。すると死は後ずさりして、やがて消えてしまいます。

空と無の世界でさえも、三次元波動の心身にとっては強烈な自然治癒力と蘇生力を発揮してくれます。

空性や光明に至れば、その自然治癒力と蘇生力は想像を絶する力を発揮してくれます。

いわんや仏陀さまが居られる涅槃ですから、そこに生身の心身を持ち込めなくても、強力な万病平癒のパワーがこの世に置いてきた心身に降り注ぎます。

無我のまま涅槃に留まっている間中、万病平癒のパワーが病にも老いにも注ぎ込まれます。

涅槃の仏陀さまは、すべてをご存じです。あなたの病の根本原因も、その病からあなたが学ぶべき知恵も、すべてご存じです。

六次元の神界に住まわれる神々は、まだ病の根本原因の浄化と学ぶべき知恵の修得にこだわってしまいます。だから同じ病でも患者さんによっては治る病もあれば、死んでしまう病もありました。しかし仏陀さまは、どんな患者さんの病にでも万病平癒を授けて下さいます。

なぜでしょう？

それは、あなたが空と無の世界から空性を越えて光明に至り、遂に涅槃に入ることができたからです。

すでにあなたは諸毒の排毒浄化を終え、我欲とエゴと煩悩の解毒浄化も終えてきたから、もう病でいる必要も、老いに苦悩する必要もないからです。

もし瀕死の死病であっても、諸毒の排毒浄化も、我欲とエゴと煩悩の解毒浄化も完全に終わっていれば、仏陀さまの万病平癒のパワーは一夜明ければ具現化しているはずです。もし病の平癒が遅々として実感できなければ、それはまだまだ諸毒や我欲とエゴと煩悩が身心頭魂のどこかに色濃く残っていることになります。

でも、心配は要りません。すでにこの世には、死すべき定めの人間はいなくなりました。涅槃に入れた人なら、自分のどこにどんな毒がまだ溜まっているのかなど自明です。あぁこの我欲もエゴも煩悩も手放さなければいけないのか、とこの世へ戻ってきた時には分かっています。

それでも、嫌だ、これだけは手放せない！　と駄々をこねる限り、病は痛みや苦しみ、恐怖や悲しみを与え続けてくるでしょう。もし涅槃なんて嫌だ、輪廻転生して我欲とエゴと煩悩をもっと楽しみたい！　と思ってしまえば魔界へと堕ちてしまうだけです。

無我でなければ、光明も涅槃も見えません。

無我になるのは死ぬよりも恐ろしいと思うかもしれませんが大丈夫です。無我の中には、これまでの数多の人生たちの善き思い出のかけらや愛しき人の面影のかけらがスノーボールのようにキラキラと舞っています。

その中で今生のかけらたちが一番眩しく輝きながら舞っています。嫌な思い出、辛い思い出、悲しい思い出は、もう無我の中にはありません。今、病や不幸で苦悩していても、誰かを死ぬほど憎んでいても、それは無我の中には持ち込めません。自我と共に空と無の世界の無の渦に捨て去ってしまったはずですから。

この世も自我も、しょせん夢幻に過ぎません。あまりにリアルな明晰夢だし、一度もその夢幻から目覚めることがなかったから、それが現実だ！　と思い込んでいるだけです。

では、本物の私はどこにいるの？

それも無我となれば分かります。光明に入り涅槃に至れば、きっと本物の自分と出会えるでしょう。

コロナ騒動は、この世という明晰夢から目覚める好機でした。嘘偽りだらけの世の中であることを、ここまで露骨に見せてしまっても大丈夫なの？　と要らぬ心配をしてしまうほどの稚拙な大茶番劇に世界中が狂乱してしまいました。

これは明晰夢の中で熟睡している人間たちの部屋のカーテンを開け広げて窓を押し開け、すでに燦々と輝いている朝日と清々しい朝風を思いっきり取り入れたようなものでした。

それでもまだ多くの人たちは毛布を頭から被って身体をガタガタ震わせたまま眠り続けよ

うと必死です。
外は上天気で、すでに目覚めた人たちが楽しそうに広場で遊んでいる声が聞こえていま
す。神さまたちも、妖精や天使たちも、宇宙人たちも、続々と広場に集まってきています。
さぁ毛布を捨て、寝間着を脱いで、お気に入りの遊び着を着て、おっと顔を洗って、
しっかりと目を覚まさなくちゃ。広場の入口の右手奥には、六地蔵さまが今日ものんびり
と佇んでおられますから、ちゃんと合掌しましょう。
コロナ騒動は2022年で消えてなくなるのか？
はたまた新たな第二幕が始まるのか？
まだよく分かりませんが、お地蔵さまたちは、そんなことなどは気に留めずに、今日も
衆生救済に奔走して下さっています。
仏陀さまも「これまで幾度となく文明滅亡や世界戦争を潜り抜けてきた教えですから、
どんなに悪質悲惨なパンデミックに見舞われたとしても、必ずこの教えが皆さんに光明を
もたらします」と断言されておられます。
私は仏陀、あなたも仏陀、誰もが仏陀です。皆、ハートに仏陀さまを宿しています。
天地自然は愛です。森羅万象も愛です。宇宙も神々も、仏陀さまも愛です。もちろんこ

の世も、人間も愛です。

愛とは何ですか？

愛とはあなたです。愛とは私です。愛とは仏陀です。そして実はこの世も愛です。だから大丈夫！　なのです。

道端でお地蔵さまを見かけたら、ちょっと立ち止まって合掌してあげてください。それがお地蔵さまの無上の喜びだから。それだけで、どこかの誰かが救済されますから。

この本をお読みいただいた皆さまの目覚めと解脱を、こころから祈念しております。

合掌。

付録

龍神覚醒術

注意　向精神薬・睡眠薬・麻薬性鎮痛薬などを常用されている方、睡眠時無呼吸症候群の方、悪夢をよく見る方、コロナワクチン接種後に何らかの副反応が出た方、15歳以下の方、極度の肥満体型の方は禁忌です。

この誘導瞑想は、あくまでも自己責任でお試しください。瞑想中、瞑想からの覚醒時、および瞑想後に生じた如何なるケガ、病状の悪化や瞑眩反応、精神的変化などに関して、著者も出版社も書店も一切関知いたしません。『自己責任』の意味がお分かりになられない方は、この誘導瞑想は決してしてしてはいけません。

準備　身体が落ち着く坐蒲を用意します。イスでも、壁にもたれても、寝転んでも構いません。結跏趺坐でも構いません。部屋は明るくても暗くても構いません。

1　目を閉じます。ゆっくりと呼吸します。息を吐く時に身心頭魂の全ての毒を吐き出します。息を吸う時に宇宙の全ての愛を吸い込みます。真っ黒な煙をどんどん吐き出します。眩しく輝く愛の光を吸い込みます。

2　あなたにとって今一番落ち着けて安心できる安全な場所を観想します。そこにあなた自身が立っている姿を観想します。

3　足下の地球の中心から熱いマグマがどんどんと上ってきて、足の裏からくるぶし、すね、膝、太もも、腰、そしてお腹へとマグマが流れ込んでくるのを観想します。下半身が温まってきたのを感じ取ります。

4　宇宙の中心から愛と喜びのエネルギーが降り注いできて、頭のてっぺんから顔、目と耳と鼻と口へ、喉と首へ、そして胸へと流れ込んでくるのを観想します。

5　あなたの真ん中で地球のマグマと宇宙の愛と喜びのエネルギーが触れあって新しい宇宙がビッグバンして生まれ、広がり、すぐにあなた自身のすべてが大宇宙となったのを観想します。あなたのすべては完全に浄化されて、新しい大宇宙に吸い込まれ消えてしまいます。

6　十方を見渡すと、森羅万象すべてがあなたを包み込み守ってくれています。

さぁ安心してすべてを大宇宙に委ねましょう。

7　あなたの目の前の宇宙に光のトンネルが現れます。お地蔵さまがトンネルの中から現れて手招きしています。あなたを迎えにきて下さいました。お地蔵さまと手を繋いで、光のトンネルを踏みしめながら奥へと進んでいきます。

8　トンネルの中が紫色の光に満たされます。それは聖なる浄化の光、神々からの導きの光です。あなたのすべてを完全に浄化してくれる聖なる光です。

9　更にトンネルを進むと、海の青い光に満たされます。それは水の神さまの光です。あなたの中の邪悪な欲望と煩悩の火を消し去ってくれます。

10　更にトンネルを進むと、空《そら》の青い光に満たされます。それは空の神さまの光です。あなたの古い呪縛とがんじがらめの鎖と輪廻を断ち切って自由にしてくれます。

11　更にトンネルを進むと、森の緑の光に満たされます。それは風の神さまの光です。人間同士の生命の繋がり、森羅万象との生命の繋がりを蘇らせてくれます。孤独と依存が消え去り、あなたの中にも新たな風が巡り始めます。

12　更にトンネルを進むと、お日さまの黄色の光に満たされます。それは豊かな実りの光です。あなたの冷えが消え去り、感謝と喜びの温もりに包まれます。

13 更にトンネルを進むと、夕日のオレンジ色の光に満たされます。安らぎ、寛ぎ、癒やしに包まれます。心配、苦痛、悩みが消え去り、安心に満たされます。

14 更にトンネルを進むと、赤い光に満たされます。それは生命の血潮の光です。あなたに残っていたすべての毒が完全に消え去り、新しい生命で満たされます。

15 お地蔵さまがトンネルの先を指さしています。そこには光の扉が見えています。お地蔵さまと一緒に光の扉へと向かいます。5、4、3、2、1、0。あなたは虹色に眩しく輝く光の扉の前に立っています。お地蔵さまが扉に触れると扉から虹色の光のシャワーが吹き出してきました。あなたは消え去ります。あなたという自我も消え去ります。虹色の光のシャワーをもっと浴びます。あなたが消え去ります。あなたの自我も消え去ります。あなたが消え去ります。あなたの自我も消え去ります。そして光の扉が開きます。お地蔵さまも消え去りました。光の扉も消え去りました。

16 そこはもう空と無の世界です。空と無の世界に今、あなたは浮かんでいます。ただ浮かんでいます。何もないけれど、すべてがあなたです。しばらくの間、空と無の世界に浮かんでいましょう。

17　上を見上げると多くの龍神たちが気持ちよさそうに泳いでいます。あなたの龍神があなたを見つけて降りてきます。そしてあなたに寄り添うように泳ぎ始めます。他の龍神たちも降りてきて、あなたを取り囲んで泳いでいます。さぁあなたの龍神に触れて、色を見て。もう言葉が通じます。あなたの龍神からメッセージをもらいましょう。

18　天空からあなたの守護神さまが降りてきて、あなたを抱きしめて下さいます。さぁ守護神さまを見て。もうお話ができます。守護神さまからのメッセージをいただきましょう。

19　あなたは、龍神に抱きしめられます。あなたの龍神が口を大きく開いて、あなたを待っています。さぁあなたの龍神の中に入りましょう。あなたは龍神に飲み込まれます。

20　あなたの龍神とあなたはひとつになりました。もうあなたは龍神です。龍神があなたです。龍神が空と無の世界の天空へと、ゆうゆうと泳ぎながら昇っていきます。快晴の天空をゆうゆうと泳いでいます。

21　龍神の色が青空に消えていきます。龍神の姿も青空に消えていきます。龍神のすべてが青空に消えていきます。青空です。青空です。すべてが青空です。あなたは龍神とひとつになりました。完全にひとつに溶けあっています。あなたは龍神です。龍神はあなたです。次第にあなたという自我が消えてしまいます。あなたという意識も龍神の意識の中に消え去ります。自我が消え去ります。自分という意識が消え去ります。無我の意識だけがそこにあります。無我です。無我です。無我の龍神がそこにいます。

22　やがて天空のどこかに青空が特に濃い所が現れます。さぁその濃厚な青空の中心へと飛び込みましょう。

23　そこが空性です。空性を見て、空性を感じます。空性を味わいます。

24　空性のどこかに、光の滴と風が湧き出してきているところがあります。そこが光明への入口です。龍神であるあなたに言いましょう、光明に入りますと。そして光明に飛び込みます。

25　今、光明にいます。光明を感じて、光明を味わって。

26　光明の中におられる仏陀さまをお呼びしましょう。仏陀さまを見て、仏陀さまを感じて。そのまま仏陀さまの中に飛び込みましょう。仏陀さまとひとつに溶けあいます。あなたの内なる仏陀さまが目覚めます。あなたは仏陀です。あなたも仏陀です。

27 仏陀さまが涅槃を見せて下さいます。そこはあなたの涅槃です。あなたの涅槃を味わって、涅槃を楽しみましょう。

28 新しいこの世へと仏陀さまと共に戻って来ます。そこはもう古い世界ではありません。新しい五次元世界へと戻って来ましょう。そこには新しいあなたの身体、こころ、頭と意識、魂が用意されています。さぁ新しいこの世へと戻ってきましょう。5、4、3、2、1、0。あなたは新しい世界の新しいあなたに生まれ変わりました。内なる仏陀さまを感じて、内なる仏陀さまの声を聞きましょう。

29 さぁ実際にこの身体を感じます。この身体の中に戻ってきます。手をグーパー・グーパーします。足の指も動かして！　身体に意識をしっかりと戻します。大きく深呼吸して、身体の内側も目覚めさせます。大きく深呼吸して！　しっかりと意識を身体に戻しましょう。両手を思いっきり上へ伸ばして背伸びをします。大きく深呼吸しながら背伸びをしましょう！　手足をバタバタと動かして！

しっかりと目覚めます。

そして十分に目が覚めた、もう大丈夫だ！　と感じたら、ゆっくりと目を開けてみましょう。もしまだふらついたり、手足や身体がシビれたり、力が入らないような気がしたら、もうしばらくの間、その場で寝転んでいましょう。一寝入りしても構いません。ムリして急に立ち上がったり歩いたりすると転倒してしまう危険性もありますので、決してムリをせず、もうしばらく横になっていてください。一寝入りすれば、身体と意識は元通りになります。その後、何か冷たいものを飲んだり、シャワーを浴びたり、ストレッチしたりすれば違和感は消えてしまいます。

あとがき

２０２０～２１年は、世界中がコロナ騒動一色でした。世界中の老若男女すべての内なる魔性が露わになりました。その最強の魔性は「悪い力」でした。

この世界は、その「悪い力」で牛耳られ、家畜奴隷と化した衆生は耳標を付けられ、狭い人舎に押し込められたまま屠殺場へと向かうトラックを黙って待っています。

一連のコロナ騒動は２０２２年で終わるかもしれません。しかし「悪い力」の支配は続きます。それはすでに臨界点を突破しました。２０２２年以降は連鎖反応によって「悪い力」は自己増殖していきます。それはもう誰にも止められません。例え神々であっても……。

否、神々はいつもの手をすでに用意されています。詰みかかった将棋をエイヤ！　と将棋盤ごとひっくり返してしまうあの手です。

でも今度ばかりは何かが違っています。将棋盤が重くて動かないのです。

なぜかしら？　と神々は首をかしげておられます。神々には見えないのです。光明の中から仏陀さまの足がスッーと伸びてきて将棋盤を押さえていることが。

仏陀さまも神々でしょう？　なぜそんなことをされるのでしょうか？

多くの神々は無始の時から神々でした。神々も進化すれば龍神になることができますが、神々はそんな進化にはあまり興味はないようです。

仏陀さまは何度も人間世界に顕現されてきました。特に仏陀釈迦牟尼として顕現された人生では、私たちと同じ人間として生老病死を経る中で、覚醒と解脱の本道を見せて下さいました。そしてこの世を去った時には、すでに光明に坐しておられました。

光明は七次元波動ですから六次元の神界を俯瞰できます。神々が秘めている欲やエゴも丸見えです。もちろん神々に悪気はありません。詰んだ将棋をリセットしたいだけなのは、仏陀さまもよく分かっておられます。でも、今はまだ「待った！」なのです。

仏陀さまは八次元の風を背中に浴びておられます。その風は想念する前に具現化してしまうパワーを持っています。それは因果を果因にしてしまうパワーです。

ですから仏陀さまは「この世は終わりだ」とは決して想念されません。そう想念した瞬間、この世は真っさらな人間界となってしまうからです。将棋盤をひっくり返して、飛び散った将棋の駒を集めてきて再び並べ直す手間を一切省略して、刹那に準備万端整った新しい将棋盤が顕現されてしまうのです。

しかし、それではこの人間界が丸ごと輪廻転生してしまうことになります。せっかくここまで来たのに、あと少しなのに……。

仏陀さまには、この最終局面を打ち砕いて勝利する秘策がありました。それがお地蔵さまの衆生救済でした。

「今こそこの世を救済したい」と仏陀さまが想念される遙か前に、お地蔵さまたちは仏陀さまの前に顕現されていました。

お地蔵さまに尋ねても、何時、どこから現れたのか？　は分かりません。ただ衆生救済をとても強く思い願っていることだけは確かでした。

ですから仏陀さまの前に現れると同時に「衆生救済！」を誓願されました。すでに手には聖なる弓を、背には懺悔の矢、希望の矢、魔性を打ち砕く光明の矢が詰まった矢筒を背負っておられました。

これがお地蔵さまの想念なのか、仏陀さまの想念なのか、あるいはもっと別の存在の想念なのかは分かりませんが、この世が救済されることだけは確かなようです。

衆生救済とは、人間だけを救うことではありません。生きとし生けるものすべてを救わなければなりません。この世の生きとし生けるものたちを苦しめている元凶は人間です。すでに魔界と化したこの世を牛耳る「悪い力」の元凶は、人間の我欲とエゴと煩悩です。

ですから衆生救済は、我欲とエゴと煩悩の解毒浄化を完遂できれば光明が見えてきます。コロナ騒動は貧富貴賤の差を極限にまで広げてくれました。ひとりひとりがどれほど我欲とエゴと煩悩に執着しているのかが見事に炙り出されました。聖人君子や慈悲深い篤志家を気取ってみても、その本性は今や丸裸です。

何に頼れば良いのでしょうか？　誰にすがれば良いのでしょうか？　もし地球最後の日が突然やって来たら、あなたはどうしますか？

頼れるのは愛だけです。慈愛と感謝と喜びがあれば、最後の日の翌日は、涅槃で大あくびをしながら目覚めるでしょう。

私がすがるのは仏陀さまでです。別に他の神仏でも構いませんが、すがるものがないと嘆く人を見かけたら、仏陀さまをお薦めしています。この本は、そんな気持ちで書き上げました。

コロナ騒動は世界中の人々を何らかの形で巻き込んでいます。騒動とまったく無縁な人間はいません。例えチベットの山奥の洞窟に籠もり修行三昧に耽っていても、何らかの形で騒動に巻き込まれています。

この騒動の闇を暴く本も続々と出版されています。薬やワクチンの無意味さを大声で叫んでいる人たちも多いですし、そのアンチ派の人たちも多いです。でも、どちら側の人たちも毒々しい我欲とエゴと煩悩に染まっている点では同じ穴のムジナです。

そうじゃないんだ！　とお地蔵さまは拳を握りしめておられます。

こっちですよ！　と仏陀さまは手招きされています。

コロナ騒動は、覚醒して、輪廻転生から解脱して、自らの涅槃に里帰りする絶好機です。騒動に囚われず、その本質を見れば、そこに仏陀さまの柔和なお顔が見えてくるはずです。お地蔵さまが放った矢が何本も、あなたの魔性を打ち抜いているのが見えるかもしれません。それは警策ですから合掌して感謝すれば、矢は自然に消えてしまいます。

そしてその瞬間、あなたは覚醒します。どんな形で何が起こるのかは誰にも分かりませんが、あなたの覚醒が顕現することだけは確かです。

やがて気がつくと、あなたにそっくりなお地蔵さまが横に立っておられるでしょう。蝉が脱皮するかのように、あなたからお地蔵さまが現れるのです。

な〜んだ、そんなことだったのだ。それだけのことだったのだ。この人生も、この世に生まれてきた意味も、ここまで生かされてきた意味も、そしてコロナ騒動も「そんなことだった」のです。

それに気づけば、新しい道が目の前に見えてきます。その道を進むのか、もっと別の道を新たに創造するのか、それもあなた次第です。

だから今をもっと楽しんでください。生きることをしっかりと楽しんでください。もう死も病も夢幻と共に消えてしまいましたから、大丈夫、あなたも楽しめますよ。

この本は、不思議な仏縁が数珠つなぎとなって顕現しました。

夢の修行の導師仏陀さまに帰依いたします。仏陀さまが歩まれた道にやっと足を着くことができました。これも我が人生の大きな節目です。仏の道を歩みながら衆生救済に努めて参ります。

妻の導師パドマサンバヴァさまに帰依いたします。彼女が日々口ずさむ七句祈願文にとても癒やされます。彼女の仏の道が成就しますように。

執筆中にティク・ナット・ハンさんが亡くなられました。世界中から哀悼の辞が溢れ出ていました。そのどれもが巻頭に掲げた言葉でした。この言葉だけでハンさんの人となりも想いも、彼の仏の道もよく分かります。この地蔵医学の巻頭に使わせていただきたいと念じていると、お葬式の全日程が終わり、御魂が涅槃に落ち着かれた頃の夜の夢にハンさんが出てきて下さいました。

そこはハンさんの涅槃でした。生まれ故郷のベトナムの村の景色でした。青々とした田のあぜ道に座り、お茶を飲んでおられました。

「もうマインドフルネスも呼吸の瞑想も卒業じゃ」

無我の笑い声が青田を駆け抜けていきました。

「私の涅槃へようこそ。あれは仏陀さまの言葉じゃ。ほれ直に仏陀さまも来られるぞ」

と何度も頷いて下さいました。

「実りの頃には平和な世になっているぞ。楽しみじゃ」

そして偈《げ》を下さいました。

「息を吸えば、山も海も息を吸う。

息を吐けば、空も星も息を吐く。

あなたが笑えば、光も風も笑う。

あなたと手を繋げば、皆幸せだ。嗚呼善き哉、善き哉」

そしてこの偈と張り子の虎を故郷の大木の下に埋められました。いつかハンという名の小僧がメソメソ泣きながらこの木の下にうずくまった時に、この虎を見つけるそうです。

「輪廻は象さんの滑り台みたいなものじゃな」と優しい眼差しで微笑んでおられました。

この本を書き上げた至福を、六道の生きとし生けるものたちすべてに廻向いたします。

ありがとうございました。合掌。

【参考図書】

地蔵菩薩いよいよ出番　地蔵院宝岳　文芸社　1999
お地蔵さんの世界―救いの説話・歴史・民俗　渡浩一　慶友社　2011
地蔵菩薩：地獄を救う路傍のほとけ　下泉全暁　春秋社　2015
あなたを必ず守ってくれる地球のほとけ　お地蔵さま　羽田守快　大法輪閣　2017
悲しみが心をひらく―「地蔵菩薩本願経」を読む　藤原東演　1990
山王霊験記・地蔵菩薩霊験記（続日本の絵巻23）小松成美　中央公論社　1992
お地蔵さま　伊藤古鑑　春秋社　2000
お地蔵さん―背負いきれない悲しみを預けて　藤原東演　チクマ秀版社　1999
地蔵さま入門　大法輪編集部　大法輪閣　2000
地蔵信仰と民俗　田中久夫　岩田書店　1995
地蔵菩薩　望月信成　学生社　1989
最強の自然医学健康法　森下敬一　共栄書房　2019
無病法　極小食の威力　ルイジ・コルナロ　PHP研究所　2012
家庭でできる自然療法　誰でもできる食事と手当法　東城百合子　あなたと健康社　2018
食べものと自然療法　やさしい玄米自然食入門　東城百合子　あなたと健康社　2014
不調を癒やす地球大地の未解決パソー　アーシング　すべての人が知っておくべき重大な医学的真実！　クリントン・オーバー　ヒカルランド　2015
玉川温泉で難病を克服する法―食と心と驚異の温泉療法ガイド　安陪常正　民事法研究会　2007

ショック！　やっぱりあぶない電磁波　船瀬俊介　花伝社　２０２０
電磁波過敏症　大久保貞利　緑風出版　２０１８
本当に怖い電磁波の話　身を守るにはどうする？　植田武智・加藤やすこ　金曜日　２０１７
コロナと５Ｇ：世界を壊す新型ウイルスと次世代通信　船瀬俊介　共栄書房　２０２０
「気と経絡」癒やしの指圧法　遠藤喨及　講談社　２０００
タオ指圧、東洋医学の革命―証診断と経絡臨床の真実　遠藤喨及　ユーマンワールド　２０１１
クンダリニーヨーガ　成瀬雅春　ＢＡＢジャパン出版局　２００３
密教ヨーガ―タントラヨーガの本質と秘法　本山博　宗教心理出版　１９７８
黄金の水―尿療法大全　クーン・ヴァン・デル・クローン　論創社　２０１５
生命の水―奇跡の尿療法　ジョン・Ｗ・アームストロング　論創社　１９９４
明るいチベット医学―病気をだまして生きていく　大工原弥太郎　情報センター出版局　１９８８
チベット医学の世界　山本哲士　東方出版　１９９６
癒やしの医療　チベット医学―考え方と治し方　ダムディン・シザーブラッドリー　ビイング・ネット・プレス　２００３
チベット医学―身体のとらえ方と診断・治療　イェシュー・ドゥンデン　地湧社　２００１
チベットの精神医学　チベット仏教医学の概観　テリー・クリフォード　春秋社　１９９４
睡眠薬中毒　効かなくなってもやめられない　内海聡　ＰＨＰ新書　２０１６
断薬のススメ　内海聡　ベストセラーズ　２０１５
人間は、治るようにできている　長生きしたければ薬は飲むな　福田稔　マキノ出版　２０１４

安保徹の免疫力を高める食べ方　安保徹　カドカワ　２００９
「食べない」健康法　石原結實　ＰＨＰ文庫　２０１２
一日一食のススメ　健康長生きのコツ　石原結實　ビジネス社　２０１６
「いつものパン」があなたを殺す：脳を一生、老化させない食事　デイビッド・パールマター　三笠書房　２０１５
チベット密教の秘密と秘法　張明彦　ナチュラルスピリット　２０１５
仙道房中術の悟り　張明彦　ナチュラルスピリット　２０１５
仙道双修の秘法　張明彦　ナチュラルスピリット　２０１５
ゾクチェン・ロンチェン・ニンニクの前行　一切智への素晴らしき道　第一世ドドゥプチェン・リンポチェ・ジグメ・ティンレ　ブイツーソリューション　２０２１
聖なる師　クンサン・ラマの教え　ゾクチェン・ロンチェン・ニンニクの前行の解説　パトゥル・リンポチェ　ブイツーソリューション　２０２０
ゾクチェン瞑想マニュアル　箱寺孝彦　ナチュラルスピリット　２０１９
虹の階梯　チベット密教の瞑想修行　ケツン・サンポ　平河出版社　１９８１
虹と水晶　チベット密教の瞑想修行　ナムカイ・ノブル　法蔵館　１９９２
夢の修行　チベット密教の叡智　ナムカイ・ノブル　法蔵館　２０００
チベット密教の瞑想法　ナムカイ・ノブル　法蔵館　２００５
チベット医学の瞑想ヨーガ　クムニューリラックスとバランスの自然治癒力心身養生法　タルタン・トゥルク　ダルマワークス　２０１９

静寂と明晰　チベット仏教ゾクチェン修習次第　ラマ・ミパム　ダルマワークス　1992
チベット医学入門　ホリスティック医学の見地から　トム・ダマー　春秋社　1991
ヒーリング・アーツ　世界の伝承医学の歴史と現在を探る　テッド・カプチャク　春秋社　1991
チベッタン・ヒーリング　古代ボン教・五大元素の教え　テンジン・ワンギェル・リンポチェ　地湧社　2007
ヨーガ・ヴァーシシュタ　至高の真我　スワミ・ヴェンカテーシャーナンダ　ナチュラルスピリット　2021
パドマサンバヴァの生涯　W・Y・エバンス・ヴェンツ　春秋社　2000
カルマムードラ至福のヨーガ　ドクター・ニダ・チェナグサング　ナチュラルスピリット　2021
生きがいの催眠療法　飯田史彦・奥山輝実　PHP研究所　2000
前世療法へようこそ　奥山輝実　PHP研究所　2005
前世物語　奥山輝実　牧歌舎　2005
前世療法ハンドブック　奥山輝実　牧歌舎　2004
霊障医学　奥山輝実　ヒカルランド　2018
黄泉医学　奥山輝実　ヒカルランド　2018
龍神覚醒術　奥山輝実　三和書籍2019
幽幻医学　奥山輝実　ヒカルランド　2019
龍神医学　奥山輝実　ヒカルランド　2019
菩薩医学　奥山輝実　ヒカルランド　2021
地底医学　奥山輝実　ヒカルランド　2021
湯治医学　奥山輝実　三和書籍　2022

【著者プロフィール】

奥山輝実　おくやまてるみ

1957年酉年　大阪生まれ

大阪府立茨木高校、関西医科大学卒業。在学中にプラトンをはじめとするギリシャ古典哲学にふれる。関西医科大学脳神経外科に入局し脳外科医として研鑽のかたわら、同教室の故・松村浩教授のもとで漢方医学と心療内科を学びながら、日本脳神経外科専門医、日本東洋医学専門医（現：漢方専門医）を修得した。

1996年、大阪府門真市で奥山医院を開業し、心療内科治療としての前世療法やアーユルヴェーダなどを含む東洋医学診療を併用した総合診療科を始める。2000年春より日本で初めてとなる「光の前世療法」を開始し、2021年末までにのべ8000人以上の方々の「生きがいの創造」「難病奇病の治療」のお手伝いをしてきた。2011年より藤本蓮風先生に鍼灸を師事し漢方治療に鍼灸を加えた。2015年、吉川正子先生から陰陽対極鍼を直接伝授された。2014年11月に門真の奥山医院を類焼で焼失し、2015年12月から大阪心斎橋で奥山医院を再開した。2017年末、還暦を迎えたのを機に脳外科専門医を返上して、自然医学医として食養生と生活養生、波動量子医学を指導すると共に、漢方鍼灸氣功指圧を実践研鑽し続けてきた。

２０１９年５月より大阪　鴫野に医院を移転し、薬を使わない医療の完成をめざして保険医を辞退した。

２０１８年５月「霊障医学」（ヒカルランド）、10月「黄泉医学」（ヒカルランド）、２０１９年８月「龍神覚醒術」（共著、三和書籍）、９月「幽幻医学」（ヒカルランド）、10月「龍神医学」（ヒカルランド）、２０２１年６月「菩薩医学」（ヒカルランド）、８月「地底医学」（ヒカルランド）を出版。２０２２年「湯治医学」（三和書籍）を出版した。

連絡先
医療法人　愛香会　奥山医院
〒５３６－００１３　大阪府大阪市城東区鴫野東2丁目6－7　コーポ・ラ・ベリエール1階
TEL　０６－４９６３－３２８３
mail　love@okuyama.or.jp
ＨＰ　http://www.okuyama.or.jp

地蔵医学
生老病死からの救済誓願

2022年10月26日　　第1版第1刷発行

著　者　奥　山　輝　実

発行者　高　橋　　考

発行所　三　和　書　籍

〒112-0013 東京都文京区音羽2-2-2
TEL 03-5395-4630　FAX 03-5395-4632
info@sanwa-co.com
https://www.sanwa-co.com

印刷・製本／中央精版印刷株式会社

ISBN 978-4-86251-468-4